# 如何培养中学生的
# 高效学习方法

晓平◎著

台海出版社

图书在版编目（CIP）数据

如何培养中学生的高效学习方法 / 晓平著 . -- 北京：
台海出版社，2021.2
ISBN 978-7-5168-2849-6

Ⅰ.①如… Ⅱ.①晓… Ⅲ.①中学生－学习方法
Ⅳ.① G632.46

中国版本图书馆 CIP 数据核字（2020）第 246209 号

## 如何培养中学生的高效学习方法

著　　者：晓　平

出 版 人：蔡　旭　　　　　　　　　　封面设计：末末美书
责任编辑：姚红梅

出版发行：台海出版社
地　　址：北京市东城区景山东街 20 号　邮政编码：100009
电　　话：010-64041652（发行，邮购）
传　　真：010-84045799（总编室）
网　　址：www.taimeng.org.cn/thcbs/default.htm
E－m a i l：thcbs@126.com

经　　销：全国各地新华书店
印　　刷：天津中印联印务有限公司
本书如有破损、缺页、装订错误，请与本社联系调换

开　　本：710 毫米 × 1000 毫米　　　1/16
字　　数：174 千字　　　　　　　　　印　张：15
版　　次：2021 年 2 月 第 1 版　　　印　次：2021 年 2 月 第 1 次印刷
书　　号：ISBN 978-7-5168-2849-6

定　　价：45.00 元

# 前 言

多年的中学教学生涯，让我对中学阶段孩子们的学习格外关注，发现不少孩子刚从小学升上来，并未在学习上找到感觉。有的同学废寝忘食，一天除了睡觉吃饭，其他时间全都扑在学习上，可成绩还是不见有起色；有的同学非常聪明，课堂反应永远比其他同学快半拍，可成绩却始终徘徊在中等水平；还有的同学出现明显的偏科现象，有的学科成绩很好，有的学科成绩不行。这其中的原因和症结究竟在哪里呢？

在我看来，关键还是学习方法的问题。科学家爱因斯坦说过："学习方法事实上决定了你的成绩，方法就是你征服未知的工具。"换句话说，如果你没有好的方法，即使每天刻苦学习，也未必能取得好成绩。

无数事实证明，学习方法得当，才能充分发挥内在潜力，提高学习效率。反之，学习方法不当，就会阻碍同学们发挥潜力，降低学习效率。对于中学生来说，好的学习方法就是一把"金钥匙"，它能让每个同学相对轻松地应对学习过程中出现的各种难题，也能达到事半功倍的效果。

因此，本着让每个中学生在这三年内全面提高各科学习成绩的心愿，我编写了这本有关学习方法的书籍，目的就是启发思考、激发兴趣，并且提供具体可行的学习策略，以便帮助大家找到学习窍门，从而去突破学习上的屏障和壁垒。

本书围绕课堂效率、时间管理、预习和复习及如何应对考试等方面一一展开，力求让大家明白"好的学习方法=好的学习成绩"这一颠扑不破的真理，教大家制订好学习计划，管理好自己的时间，启发大家树立自信，克服厌学情绪，同时提升阅读能力和记忆能力，培养良好的思维能力。

古人有云：授之以鱼不如授之以渔。我始终坚信：培养好的学习方法，帮助每个同学掌握好的学习习惯和学习策略，比教授知识本身更为重要。

希望同学们通过阅读本书，找到适合自己的学习方法，实现各科成绩的稳步提升，并且为未来阶段的学习奠定良好的基础。

# 目 录

## Chapter 1
## 你那么努力，为什么成绩就是上不去

　　面临中考的压力，"分数"这个词越来越多被提起，不管是老师、家长还是学生，都格外看重分数。本章总结了中学生学习中容易丢分的因素以及应对的建议，希望同学们能够有所收获，并且针对自身的具体情况进行查漏补缺，做到心中有数，防患于未然。

## Chapter 2

## 每一位"学霸"，都有他"高高在上"的砝码

想要成为"学霸"，每个同学都应该有自己的学习方法，要养成良好的学习习惯，这些方法和习惯就是你最好的砝码。抓住课堂那宝贵的45分钟，做到会听课、听好课、听懂课，才能不白白浪费时间。保持积极乐观的姿态，成为学习的主人，并且会学习、善学习，才能成就学习的高效。

## Chapter 3

## 所谓记性不好，是你没能正确激活并使用大脑

记忆，是人类大脑的重要功能，更是人们获取知识的重要手段。对于中学生来说，如果记忆力不强，那么在学习时就会浪费大把时间在记忆基础知识上，可想而知，这样的学习是不可能高效的。事实上，每个人都可以有"最强大脑"，可以拥有堪比"记忆魔法"的超强记忆力，只是很多同学缺乏了正确的记忆方法。那么，对于初中阶段的同学们来说，应该怎样去提高记忆力和记忆效果呢？

## Chapter 4

# 精准学习，把教科书和参考书变成成绩加速器

到了初中以后，辅导资料与参考书数量猛增，不过，若是将参考书和教材对照起来看，有助于学生加深对教材的理解，而且还能实现知识提升，是学习上不可缺少的"助手"。不过，参考书还是需要精挑细选的，否则会加重任务量，白白浪费时间。

## Chapter 5

# 治愈数学恐惧症，数学会用功，高分很轻松

数学是一门枯燥、深奥、抽象的学科，这是一个不争的事实。除了某些特别聪明、特别有天赋的学生，一般同学在数学的学习上都不是那么轻松的。这不仅导致他们数学成绩平平，而且也影响其他学科的学习积极性和学习效率。所以，同学们必须重视数学学习，并且找到适合自身的学习方法。

## Chapter 6
## 你对语文有误解！语文应巧学，考试根本不纠结

　　语文的学习在初中阶段通常会呈现出两个极端，有的同学学习起来得心应手，认为学习语文是一件轻松愉快的事情；有些同学却觉得学习语文枯燥而乏味，而且知识点琐碎，不知道该如何入手去学习。这是因为后者没有找到方法和技巧，陷入了死胡同。

## Chapter 7
## 终结低效练习，方法升级，才能解决你的英语焦虑

　　对于英语，很多同学有着这样的误解：英语只是一门学科。其实，英语是一门语言，是一种工具，是人们在生活中进行表达与交流的一种方式和途径。努力学习英语，不仅可以帮助同学们逐步掌握英语知识和技能、提高语言实际运用能力，还可以磨砺意志、陶冶情操、拓宽视野，并提高自己的人文素养。

　　因此，无论从提高考试成绩出发，还是从方便未来生活和交流出发，同学们都应该把英语学好。

## Chapter 8
### 学业的精进！做自己面面俱到的高级课业规划师

　　进入初中以后，课程变化比较大，增加了不少理科文科方面的课程，比如物理化学，历史生物等等。同学们如何转换角色、适应课程的增加，是一个非重要的问题。正因为如此，不少同学在小学成绩很好，到了初中却早"断崖式"下降。

　　其实，不同的学科有不同的"套路"，这些"套路"既有区别又有联系，只要能够熟悉每一门学科的特点，掌握相应的学习方法，自然就能够学好这门学科。

# 1

Chapter

## 你那么努力，为什么成绩就是上不去

面临中考的压力，"分数"这个词越来越多被提起，不管是老师、家长还是学生，都格外看重分数。本章总结了中学生学习中容易丢分的因素以及应对的建议，希望同学们能够有所收获，并且针对自身的具体情况进行查漏补缺，做到心中有数，防患于未然。

## 讨厌的课程往往是"丢分陷阱"

张丽是一名初中三年级的学生，性格安静，不爱玩闹。在我的印象里，她是一个很乖的孩子。但是，张丽在学习上的表现不尽人意，存在严重的偏科现象，语文和英语成绩都在100分以上，数学成绩却刚刚及格。

为此，我曾经多次找张丽进行沟通，试图找到她数学成绩不好的原因，结果发现张丽对于数学很排斥。她不太喜欢学数学，认为数学课枯燥、没意思而且很多都听不懂。

像张丽这样因为讨厌某门课程，导致成绩不好的现象很普遍。同样，这种情况也很令人惋惜，由于不喜欢个别学科而导致偏科，即使原本有拔尖的学科，总分也被拖累了。可以说，这就是典型的"丢分陷阱"。

因此，每个同学都应该避免偏科，避免因为讨厌甚至惧怕某门学科而不学习、不努力。因为各门学科有各自的知识内容和知识特点，而且各门学科是相互联系的，是无可替代的。如果你特别讨厌某一门学科，就会在知识上产生缺陷和不足。

举个例子，若是你不喜欢学语文，掌握的词汇量少，就会影响阅读能力和写作能力。从深层次来说，还会影响其他学科的学习。如果你不喜欢数学，运算逻辑能力差，就会影响物理、化学等学科的学习。成绩差、学习积极性不高，进而引发对这些学科的厌恶。

所以，当同学们发现自己不喜欢某学科，或是对某学科产生抵触情绪时，一定要及时地做出调整，发现学科的优势、乐趣，提高自己对学科的兴趣。

那么，我们要如何去改变对某学科的抵触甚至厌恶情绪呢？不妨看看下面这位同学的做法。

从小学阶段开始，张强就不喜欢数学，学习积极性不高，成绩也不算好。升入初中后，数学难度增加，更让他对数学敬而远之，学习成绩越来越糟糕。初中一年级上学期，他几乎没完成过作业，考试卷上也布满大大的红色"×"号，这让他头涨得更大，更加讨厌数学。

可张强知道，这样下去不是办法，于是只能找数学老师求助。数学老师思考一番，决定先树立张强的自信心，她开始单独给张强布置作业——内容是简单的习题，为了巩固知识，也为了恢复孩子信心。

开始，虽然张强并未全部做对，但也做对了一多半。后来，随着作业本上的"×"号越来越少，张强不再那么排斥数学，上课也开始认真听课。他对自己说："看来，我并不比别人笨。别人能办的事，只要我肯努力也能办到。"为了提高对数学的兴趣，张强还听了几次讲座，参观了数字科技馆。结果，经过一个学期的努力，成绩已经提升很多。

　　同时，在教学过程中，我通常会建议每个同学在学习时把喜欢和擅长的学科放在前边，把不喜欢和不擅长的学科放在后边。有了成就感，对于不喜欢的或学习比较困难的学科就不会有厌烦的感觉，反而愿意继续学下去。

　　这就如同登山一样，如果开始走得很顺利，回头俯瞰自己走过的路，就会不由得产生一种"我真不简单，能登这么高"的自豪感，进而体力陡增，一鼓作气登上山顶。相反，如果开始走得很艰辛，爬到半山腰就会感到极度疲劳，望着高高的山顶就会产生"我根本就爬不到山顶"的念头。

　　这就是俗话说的"良好的开始是成功的一半"。

# 短板只是基础题，学好基础并不难

在日常学习中，根据我的观察，许多同学在学习前，会掏出来各种教材、配套的辅导书、习题集、模拟试卷、辞典等工具书，可谓是琳琅满目。这些同学认为只有多看书、多接触习题，才能把成绩搞上去。

但是，我可以很肯定地告诉你：同学，把你的精力从各种辅导资料中收回吧！因为在考试中大部分同学丢分的重点，是课本上最基础的知识点。

所以，你书包里的学习资料，首选应该是课本。各种各样的辅导书、习题集、模拟试卷，对于你来说，都不是必需的。更何况一些个别辅导资料粗制滥造、习题不严谨，你若是盲目地研读、练习，结果很可能会背道而驰。

课本就是最好的参考书，中学生的学习归根结底是要围绕着课本展开的。就拿做题来说吧，题目是课本知识的延伸，无论是平时的练习还是考试，出题者都会立足于教材，始终围绕着课本所学的内容。所以，不管题目的形式如何变化，简单还是有难度，都万变不离其宗。

以语文学习为例，每一篇课文的最后都会标明哪部分内容需要熟读，哪部分内容需要背诵。其实这就为同学们提供一个捷径，若是同学们一遍遍地背诵课文，各个基础知识点就会在脑中逐渐加深印象，做题时，便会融会贯通、举一反三。

看到这里，也许有的同学会提出异议："辅导资料和参考书是对课本内容的补充，对学习还是有好处的。如果我们仅仅选择课本，放弃辅导资料和参考书，不就是放弃了巩固知识的重要途径吗？"

当然，我并没有完全否定辅导资料和参考书的价值，我的意见是，可以看参考书、做一些辅导资料上的习题，以加强对所学知识的理解和巩固，却不能本末倒置。

在学习过程中，同学们一定要分清主次，以课本知识为主，以辅导资料和参考书为辅。因为课本本身就是严格按照教学大纲编写的，是老师平时讲课的主要依据，是学生获取知识点的唯一依据。

而所有的辅导资料和参考书的内容都是围绕着课本而编写，若是你重视辅导资料和参考书，忽视课本基础知识点的加强，那么无异于舍本求末，相当于地基没有打好，就要开工去建一座高楼大厦，其结果可想而知。

除此之外，课本能够把基础知识的重点、关键点进行计划性的平均分配，并且按着从易到难、从简到繁、从浅到深、循序渐进的规律编排，很有系统性。这样一来，同学们就可以有步骤、有条不紊地学习，更好地吸收和掌握相关知识。

总而言之，作为中学生，你一定要重视基础知识点的掌握，把精力重点放在课本上。把课本学透了，那些基础知识的短板就可以完全避免了。

# 定期自我总结巩固所学知识

一向不喜欢学习的婷婷，自从升入初中二年级后学习态度积极了很多，成绩突飞猛进，在期中考试中还被评为"优秀进步生"。

有人向婷婷讨教学习秘诀时，婷婷笑着说："我以前不愿意学习，学习缺乏积极性，是因为没有找到正确的学习方法。后来，我开始每天晚上温习一遍课本，对照一次笔记，检查一遍作业，记录一些材料，通过这样的方式总结适合自己的学习方法。开始时，感觉比较累，不过渐渐地就发现阶段性总结和复习的好处，对学习也更有兴趣了。"

相信每个同学都有这样的经验：在学习过程中，遇到一些难题，总是不知道从何下手。可通过老师讲解后，顿时就找到了解题思路，并且发现题目本身很简单，并没有超出所学的范围。这是为什么呢？

其实，解释只有一个，那就是你对已学知识的掌握还不够系统化，没有做到融会贯通。你学到了知识，可是知识是死的，你不知道怎么综合运用。

那么，如何把死的知识变活呢？办法有很多种，但效率最高的办法还是学会做阶段性的总结，定期对于自己所掌握的知识进行回顾和总结，这其实是一个消化和融会贯通的过程。通过这种综合知识的方法，把自己所掌握的知识点串联起来，再遇到难题时，解决思路就会更灵活。

同时，这种学习方法还有一个好处，即加深了对重点和难点知识的理解，不断地积累经验和训练思维，不仅可以让你获取更多的成就感，还可以大大提升学习动力。

我始终认为，这种阶段性自我总结的学习方法是自我学习的重中之重，所以我希望同学们重视起来，养成良好的习惯。具体的做法，我有以下几点建议：

首先，你要明白"总结"这两个字的具体内涵。比如，你可以准备一些需要总结的大题目，在"回忆"知识点的基础上，将有关知识串联起来，或列提纲或分类列表，或列结构框图，对材料进行系统的整理和总结。在整个过程中，找资料并不难，难的是在各种资料之间建立联系，弄清知识结构，找出内在联系。但是，它不仅可以让你获得全面、系统的知识，形成自己的学习思路。

我曾经看到一位中学生的暑假作文题目是《中国的孔子文化》。说实话，当时看到这个题目，我是有点蒙的，不相信他能写出这么深刻的作文。可翻阅之后，我就被这个学生清晰的思路和缜密的组织能力震慑到了。这篇作文相关的知识点总结得相当全面，内容按照一定逻辑关系分章与节，并且列出了相关的参考书目。

其实，这位中学生是为了锻炼自己的总结和组织能力，特意选了这样一个有深度、有难度的题目。为了完成作业，他积极搜集资料，整理总结，然后通过分析把各种信息和知识整合在一起，形成了这篇出色的作文。

同学们，若是每一位同学都能够具备这种能力，那么就可以很轻松地融会贯通，让学习变得轻松、简单，学习积极性自然也就提高了。

当然，这种阶段性的总结和学习评估是一项多容量、多项目、多功能的评估。其中，包括是否能够按要求进行预习；上课时是否认真听讲，积极思考，踊跃发言；作业是否能按时独立完成；遇到疑难问题是否能想方设法解决等等。

同学们，你可以制作一个自我总结表，把评估项目制成表格，然后给自己打分。每次自我总结后，对自我总结的结果进行分析，清楚自己的问题，然后寻找解决方法。如此一来，这种定期自我总结才能起到更好的作业，促进学习效率的提高。

## 看看分数都丢在哪里

每次大小考试过后，都是几家欢喜几家愁，考得好的同学喜形于色，考得不好的同学，满脸都是沮丧。多年的教学生涯，我总结了以下几点同学们容易丢分的原因，希望同学们对照个人的实际情况认真思考一下，做到心中有数。

第一，要看基本功。课堂上，老师所讲的都是最基础的知识点，基础不扎实，最容易小题丢分严重。比如，老师要求必背的没有背下来，连符号都不会写；该掌握的重点没有真的掌握，老师反复强调还是出现错误。

要知道，试卷中基础部分的题目占到整个试卷的80%左右，即使难题做不出来，只要你能牢牢掌握基础知识，也可以取得不错的成绩。

第二，要避免惯性思维。这一点，那些成绩中上的学生应该特别注意，因为这部分同学平时做题量比较大，对很多题型都比较熟悉。看到熟悉的题型，第一反应就是"这题，我做过"，于是放松警惕，做完就错。

同时，这些同学很容易受以往固有思维的影响，思考问题比较片面，容易被过去经验局限了思路，导致解题出现偏差。甚至有的同学只是机械地记住了题目和答案，并未理解题意，更没有掌握做题方法。

还有一个原因，有的同学当初做错了题目，并且没有真正弄懂，所以一旦考试遇到类似或同样的题目，还是会习惯性做错。

第三，不要眼高手低。一般成绩在中等和中等偏下水平的学生很容易眼高手低，他们有时候比较浮躁，解题过于简单化。复习时走马观花，不做详细系统的复习。

所以，同学们考前一定要认真、系统化复习，宁愿多花点时间搞懂每个知识点，也不要浅尝辄止，囫囵吞枣。要学会把基础的知识分析透彻，最好能举一反三。

以上三点是针对学习掌握程度而分析的丢分原因。在考试中，还有很多因素会影响分数，我们不妨也来看一看。

第一，审题有问题。审题失误造成的丢分通常表现为粗心大意，答题答非所问。

比如语文阅读理解题，有些同学还没完全读懂文章，甚至还没读完，就着急答题。由于找不出或找不全关键词，造成答题失误和存在缺漏点。所以，每个同学都应该认真审题，之后再开始动笔，这是考试得分的基础，也是节省时间的关键。

第二，答题不规范。比如，解答物理、化学实验题时，答题格式不规范，用口头语言描述答案，导致实验部分失分。再比如，书写潦草，涂改随便，导致丢了卷面分。

我想告诫同学们，字写得不好看不要紧，但一定要工整，格式一定要规范。

第三，计算出错。有些同学口算和笔算能力很差，做演算类的试题时浪费大量时间，或是计算结果出错。

对于数学、物理、化学三科来说，计算部分占很大比重，计算能力弱导致丢分，是非常可惜的。所以，同学们平时要有目的地锻炼自己的计算能力，不要依赖计算器。

第四，缺乏考试技巧，不会合理安排时间。最典型的表现是做不完试卷，导致考试严重丢分。还有些同学习惯钻研，遇到难题就"钻进去"，非要解出来为止，这很容易导致在一道题上花大量时间，没时间做后面的题。

第五，心理素质差，容易紧张焦虑。有些同学一考试就紧张，走进考场就头脑空白，手心出汗，就连平时非常熟悉的概念、公式定律也记不起来了。

我曾经教过一个学生就是这种情况，平时成绩很好，可是一进考场就紧张，一紧张就考不好，结果只考入一所普通高中。所以，同学们应该放平心态，不要过于焦虑，多说鼓励自己的话，也可以有针对性地去训练。

总之，同学们应该学会自我剖析，看自己是否经常因为一些原因而丢分。努力改变自己，掌握学习方法，不妨就从现在开始吧！

# 平时学习好，考前也要抱佛脚

有这样一句老话："谋事在人，成事在天。"这句话从不同的角度解读有不同的含义。不过对于考试来说，我想告诫每一位同学：规划与不规划的结果是不同的。我希望同学们要学会规划，哪怕是考试前的"临时抱佛脚"，也比不规划更好。即便你学习成绩很好，也要在考前做好规划。

当然，我说的"临时抱佛脚"并不是说平时不学习，考前开夜车，而是在平时努力学习的基础上，系统化地进行一次整体知识点巩固，查漏补缺，这才是成功的考前规划。但是我发现，很多同学懂得考前规划复习，可是没有方向，甚至可以用"眉毛胡子一把抓"来形容。

比如，很多同学都会犯这样的错误：进行考前系统复习的时候，为了避免万无一失，不漏掉任何一个知识点，采用面面俱到的复习方法，甚至把全部课本从头到尾复习一遍。

这是一种很不科学且效率很低的复习方法。为什么呢？考试涉及的内容虽然应该尽可能囊括全部知识，但考试毕竟是考试，试卷不可能把所有的知识点都包括进去。通常来说，考试也是要区分重点的，一般会着重在老师在课堂上所讲的关键知识点，或者平时强调过的易错知识点等等。再者，考前复习的时间有限，如果你把所有知识点从头到尾过一遍，那么时间是远远不够的。还有有的知识你已经掌握，如果非要再看一遍，那不是白白浪费时间吗？

既然如此，同学们在考前有限的时间内如何有计划地规划复习，最大限度提升成绩呢？我们先来听听一位中考状元的经验之谈：

对于每一位同学来说，考前复习的时间是非常紧张的，有不少同学陷入迷茫和焦虑中。要么忙乱地复习，眉毛胡子一把抓，要么认为考试前临阵磨枪用处也不大，索性放任自流，干脆就不复习了……

我不存在以上两种情况，因为我知道考前应该看哪些知识点，如何挑选复习重点。我认为考试的重点之一就是老师课堂上反复强调过的重要知识点，所以，我首先会重点把握好这些内容。这是确保考高分的根基所在。还有一个重点复习的内容，那就是之前容易出错的知识点，我通常会在考试前重点过一遍，巩固一下学习效果。

复习的时候，我先回忆老师课堂上划过的重点，已经熟练掌握的就跳过不看，那些模糊生疏的就集中精力重点突击，然后再突击错题。这样，即使复习的时间有限，我也可以把所有掌握不够牢固的知识点都记下来。

其实，这位同学的复习方法可以总结成一句话，那就是：考前复习先看课堂重点和易错点，哪里是短板就复习哪里。如果你还在为考前复习而迷茫，觉得找不到方向，不妨借鉴这个方法。

举个例子：数学的某个题型，你平时总是做错，那么考前就必须单独把这个题型挑出来，彻底弄明白，真正弄懂弄透彻。再比如，语文或者历史等需要熟练背诵的部分，如果没有全部背诵下来，可以找出名句或重点段落背诵。至于哪些才算是名句或重点段落，同学们可以多看习题。通常情况下，习题里经常出现就是重点。

此外，考前，同学们还要结合老师在课堂上所讲的笔记，把那些重要的知识点巩固一遍。

总之，考前复习时，同学们一定要进行整体的规划，打一个有准备之战。即便你平时成绩很好，考前也不能放任自流，有目的、有重点、有方法地把重点内容过一遍。不给考试留下任何遗漏。

要记住"临阵磨枪，不快也光"这句话，如此一来，同学们才能最大限度地发挥出自己的水平，考出好的成绩。

## 不会做的题"放生"是正道

在围棋领域，有这样一句格言："不会弃子的棋手永远成不了超一流棋手。"同样的道理，在考场上不善于放弃难题的同学也称不上是一名成熟的应考高手。

很多同学有这样的毛病：考试时，遇到一时不能解决的问题，就喜欢死钻"牛角尖"，一直在那里苦苦思考，不肯轻易放弃。结果，浪费不少时间不说，还把自己搞得头昏脑涨。

事实上，考试就像爬山，必然会遇到各种障碍，遇到大的障碍时不轻易放弃的"愚公精神"固然可贵，但同学们一定要记住：考试就是考试，时间紧迫，不能因为一道难题而失了整场考试。有时候，你要懂得安排时间，巧妙地绕过障碍，只有这样才能继续向目标前进。

如何合理安排时间和精力，最大限度地把自己的优点和成绩发挥出来，我通常建议同学们注意以下几点：

第一，采取暂且回避的方法。有人说："无聊的思考比休息更累人。"花长时间去思考一个问题，既无意义又无价值。如果能暂停一下，先把问题放在一边，让心情放松一会儿，再回过头来冷静地思考，说不定会豁然开朗，问题也能很快得到解决。

所以，遇到一个难题时，同学们可以暂且采用回避的方法，先做其他题目。当然，暂且回避并不是没有经过分析就把它搁置一旁，而是将这个难题中能解答的部分答完，能答多少是多少，把该拿的分数拿到手。之后，问题还在潜意识继续活动，再回过头来解答或许就容易多了。

第二，迂回也是一种有效途径。解题的过程中，同学们要学会迂回战术。遇到难度很大的试题，采用迂回的战术比硬打硬拼更节约时间，而且往往会出奇制胜。

比如换个思路，重新考虑全局，或许可以找出新的解题方法。同学们可以先找出之前解题方法的共同之处或共性，然后尝试新的角度、新的着手点，原来的问题就变得容易了。再比如，同学们可以将复杂的问题各个击破：可以采取铺路搭桥、化整为零的方法，首先找到突破口，然后一步一步慢慢攻克。

第三，要学会权衡式答题策略。权衡式答题策略的指导思想是：根据分值投入时间，分值小就少花时间，分值大就多投入时间。如果我们做一道只有3分的选择题所用的时间与做一道10分的大题用的时间一样多，那时间分配就是不合理的，很容易导致时间不够用，分数提高不上来。

权衡式答题策略还有另一层含义：考试时，同学们可以从分值的角度来制定答题策略。假设你遇到一道分值为10分的难题，考试时间为100分钟，你选择放弃这10分之后，从时间分配上，就等于放弃10分，然后集中宝贵的100分钟确保其余90分分值的正确性。这样可以避免在某一道题上耗时过多，也可以避免因为某一个难题急躁和，从而打乱整个思路和考试节奏。

第四，运用筛选式答题找到突破点。考试时，同学们可以把题目分为易中难三部分。拿到试卷之后，不必非要从前往后顺序做题，而是先找出那些熟悉的送分题，马上着手答题。这不仅可以节省时间、提高答题效率，还可以让你很快建立信心。有了信心，大脑兴奋度也会相应提高，思维活跃度也会大大加强，然后再去解答中等难度的题目就容易打开思路了，这样一来，你最起码可以拿到卷面分值的80%左右。最后，你再一鼓作气对付剩下的高难度题目，从心理上来说，也会变得更加从容不迫。

另外，拿到试卷后，同学们要先通看一遍，尤其要看一下语文中的作文和数学、政治、历史中的问答题。这样一来，做大题时，同学们可以抓住那些可以与大题关联起来的思路和灵感，迅速找到突破思维点，从而构思出大题的解题思路和框架。

总而言之，考试成绩不仅与平时的努力有关，也与考试时的答题策略有关。我一向主张同学们在考试时讲究策略，讲究节奏。

通盘考虑，整体构思，遇到不会做的题要敢于"放生"，该暂时放弃的就暂时放弃，确保自己的考试节奏是朝着正确目标前进的。如果发现做题过程偏离了正确的轨道，就要及时调整策略，从而最大限度地提高考试分数。这就是我给同学们的忠告。

# 找到解决综合题的"感觉"

中考试卷里的综合题被大部分同学视为"洪水猛兽",因为这些题目涉及的知识面广,知识点众多,因此成了同学们无法回避的"丢分陷阱"。那么,关于综合题应该如何应对方法,大家可以先看看这位中考状元的例子。

中考时,赵珂拿到了数学、物理的满分成绩。对此,很多同学都觉得不可思议,理科的题量大、难度大,尤其综合性题目难度更大,获得满分是非常难的。可是赵珂却表示,综合性题目其实并不难,无非是情景设计较新、条件设置隐晦、问题提出巧妙而已。

赵珂说:"综合题考的知识点虽然很多,但都是我们平时学过的,唯一的难点就是怎样找到已知条件和未知条件间的联系罢了。只要你可以找到,综合性题目就变得非常简单了。最难的综合性题目解决了,其他题目也就迎刃而解了!"

平时进行综合性题目的训练时，赵珂最注重的是系统学习，通常会把相关联的知识总结到一起，先分章节练习，不要求难，然后再做经典综合性题目。对于难度较大的题目，他一步步将题目拆分再解答。如果再解答不了，他便会寻求老师的帮助。就因为如此，赵珂拿下了最难的综合性题目，取得不可思议的满分。

那么，具体来说如何应对综合题呢？我总结出以下几点要领：

第一，务必先读完整道大题，包括其各个问题，而非只看题干。读完题目后再开始思考，千万不要中间停下来思考。因为有些非常重要的信息隐藏在后面的问题里，而不一定包含在题干中。尤其是那些采用"图/表+文字"的方式呈现信息的综合题，读题过程中要注意前后照应、左右关联。

第二，读第二遍时才可以下手书写答案，千万不要抢着写。你会的东西，不会马上忘记。从容不迫才是考试时最佳的心态。

第三，遇到困难时记得回头再读原题。认知心理学研究表明，人们在一次阅读时只能记住有限的信息，当一道题里有很多新东西时，你会不自觉地对其中一些信息"熟视无睹"和"自然屏蔽"，如此一来，解答过程中就会遇到困难。所以，很多时候解题卡住了，再阅读一遍题干就会有"蓦然回首，那人却在灯火阑珊处"的感觉。

第四，要学会运用发散式思维。比如碰到数学难题时，先回忆与题目有关的公式和定理。如果运用公式或定理仍无法得出结果，这时候可以在脑海里把所学的知识很快地像放电影一样过一遍，将与解题有关的知识找出来。比如，想一想这道题除了要运用公式或定理外，是否运用到其他知识。

第五，如果经过以上方法，同学们仍然做不出这道题，就要果断放弃了。毕竟考试时间有限，你要以大局为重。

此外，跨过难题，之后再回来做，可能会有"豁然开朗"的感觉。这是有科学道理的。因为你的大脑已经录入该题的信息，虽然你在做别的题目，但是大脑的基本运作原理决定了它会自动进行后台工作。也就是说大脑会自动在后台继续搜集与难题有关的信息，说不定很快会把这道题解出来。

把握以上几点，有助于同学们总结、理解并彻底弄清楚知识点的纵向与横向联系，有机地将各知识点结合起来，找出它们之间的关系和规律，并能够灵活运用、触类旁通。

那么，在应对综合题时，有哪些需要你注意的误区呢？

第一，在解答综合性题目时，很多同学只重结论，不重过程，几乎从不思考结论是如何产生、知识是如何递进的。这样的做法必然会造成思维的僵化，让自己逐步丧失钻研问题、解决问题的能力。

第二，很多同学对综合性题目答非所问、逻辑混乱、词不达意、重复啰唆等。所以，同学们应该学会培养自己的规范思维和严谨答题的习惯，为综合性题目取得高分打下基础。同时，同学们要学会依靠牢固的基础知识和熟练的基本技能，迅速从题目提供的信息中得到启示，选取与题目信息最贴合的解题思路，促进解题过程的优化，达到创造性地解题。

纵观近几年的中考题目，较为新颖的综合题愈来愈多。这类试题一般比较灵活，难度也很大，所以同学们要逐步进行训练，积累解题的经验，并转化为自身真正掌握的东西，做到应用解题规律来解决同类型的问题，这样才能切实提高解答综合性题目的能力。

　　总而言之，想要找到考试中应对综合题的"感觉"，就要求同学们从解题方法、解题规律、解题策略等方面进行多角度、多侧面的总结。同时，同学们还要学会归纳整理类似的习题，或解法类似的题目，以确保做到触类旁通、举一反三。

# 重温试卷，不要放过"生面孔"

在小学阶段，同学们考试满分的情况比较常见。但到了初中，由于题目越来越复杂，知识越来越深入，考试想拿满分就不那么容易了。

在这里我要提醒的是：虽然初中阶段大考小考不断，但是"身经百战"的同学们，一定不要忽略试卷中错题的重要价值。每次拿到试卷，有些同学最大的关注点往往是红色的分数，对那些错误却视而不见，白白丧失了查找"薄弱点"、纠正错误、提升成绩的大好时机。事实上，试卷上这些错题，往往具有鲜明的代表性，是我们容易出错的题目中的典型。

我曾经教过一个叫张博的孩子，中考获得全校第一名的好成绩，被市重点高中录取。张博最大的特点就是善于寻找试卷错题背后的价值。在三年的初中学习中，张博经常会对大小考试、测验的试卷进行分类整理，归纳总结。到了初中三年级，他按照时间顺序把三年的试卷分门别类地归整起来，装订成册，每次大考之前，都会把试卷集拿出来翻阅翻阅，把那些错题再重新做一遍。

中考前一个月，张博清楚地知道这一阶段最主要的任务是将学过的知识进一步总结、升华，寻找自己的薄弱点。为了在最短的时间内查漏补缺，张博再一次把试卷集拿出来进行仔细查阅，专攻一些不显眼却容易失分的项目。比如语文中的名诗、名句，数学中的公式、定理等等。通过研究和分析试卷，张博掌握了自己的多错点、常错点和易错点，针对这些问题及时弥补，及时纠正。正是因为如此，张博才拿到好成绩，获得全校状元的称号。

在学习过程中，同学们可能会发现，自己掌握一些学习方法后，学习效率和成绩会有所提高。为此，同学们会兴奋，可在兴奋之余，你必须清楚地意识到，哪些方面是你的薄弱环节。

那么，如何找到"薄弱点"呢？

其实，对各种测验、考试的试卷进行分析不失为一个省时省力又极具针对性的好方法。通过试卷分析，同学们可以发现考试中暴露的问题，进而发现自己缺漏的知识；通过试卷分析，同学们还可以进一步发现自己学习方法的正确性，以及是否适合自己。

有些同学会说："试卷有什么好分析的，我把错题改正，省点时间复习知识或是多做些题，不好吗？"

实际上，说这话的同学没有真正领悟到试卷分析的意义、作用。要知道，切实、有效地进行试卷分析，可以帮助你检验复习的效果、总结自身掌握的知识，了解自己的实际情况，并进一步反思、评价自己的学习方法，甚至可以领悟出一些应试的技巧。这有利于我们及时调整心理状态，减少因模糊、没有发现自身优势或不足而造成的考试失利。

　　那么，同学们应该怎样分析试卷呢?

　　第一，针对知识点的掌握程度统计得失分。分析试卷，查找"薄弱点"可以从针对不同的知识点进行统计，分析卷面的得失分情况做起。我们要明确地知道，哪些题目做对了，哪些题目做错了，并且对做错的题目进一步分析，查清做错的原因。究竟是没理解题意、知识点没掌握，还是思路不对；是时间不够、紧张，还是马虎。

　　对于知识点掌握不牢造成的错误，必须有针对性地进行知识的再学习、再复习、再检验，最终达到完全掌握、熟练应用的目的。对于因非智力因素造成的错误，必须提醒自己认真对待每一次测验、考试，做到认真审题、细心解题、仔细检查，从而提高解题的效率，最大限度提高成绩。

　　第二，高分值大题溯根求源。很多学科都会有综合性大题，这类题目对同学们的综合能力要求较高，大多数学生都或多或少会失分。针对这样的情况，同学们必须重新审题、分析题意，找出题目要探究的核心问题，挖掘题目包含的知识点、每个提问之间存在的递进关系，从而理顺自己的解题思路。另一方面，针对失分的地方，同学们要认真回忆考试时的真实想法，进一步思考不会的地方，或者出错的地方，找到不会和出错的原因。

　　第三，要特别重视那些"生面孔"的错题。可以说那些"生面孔"题目才是我们真正的"分数杀手"。为什么呢? 因为你对题目不熟悉，很可能平时忽视了，或是错过了。不管哪一种情况，你都应该更加重视、认真对待。

　　对这些"生面孔"错题进行分析，这不仅是帮助同学们查漏补缺、解题纠误、掌握知识，更重要的是可以帮你总结规律、探索方法、培养能力。分析的过程中，不仅仅是同学们纠错的过程，还是发现平时所忽略的薄弱环节的过程。而这是除了分析试卷以外的方法所无法实现的。

可以说，运用试卷分析的方法，同学们可以掌握更多的思维方式、分析方法、解题技巧，并能够最大限度地查漏补缺，找到自身的不足并且予以改进。

在日常的学习中，或许有些同学对试卷进行过分析，但效果并不理想，并没有实现提高学习效率、提升学习成绩的目的。这并不代表这种方法无效，而是你没找到合适的途径，或是没有把重点放在那些"生面孔"的错题上。

只要你掌握科学有效的方法，那么就可以达到事半功倍的效果。

# 拖延症是课堂听课的大敌

王琨中考取得642分的好成绩，我曾经把她请到班级里给学弟学妹分享学习经验。王琨这样说道："记得刚刚进入初中时，我的数学成绩很不理想，感到很迷茫。在老师的鼓励与帮助下，我找到了正确的学习方法——课堂上遇到问题不拖延，没听懂的地方一定要及时弄明白。"

王琨告诉大家，上课认真听讲是关键，更重要的是遇到疑问及时找出，并且马上解决，课堂上的问题绝对不拿到课下解决。而对于大部分同学使用的题海战术，王琨则持否认的态度。他表示，弄清每道例题很重要，做到举一反三是根本。学习就是不断找出自己不懂的地方，并且及时弄明白。很多同学做了大量习题后，会做的还是会做，不会的依旧不会，不及时解决问题，那岂不是白白浪费时间？

在我看来，王琨的分析很有道理。我遇到很多这样的同学，面对不懂的知识点，习惯性逃避，不及时解决。他们主要是害怕老师指责和同学们嘲笑，认为刚刚讲过的内容自己就问，会被老师说上课没认真听讲，会被同学取笑。

实际上，这种想法是错误的。作为老师，其实是期待同学们发问，如果辛辛苦苦地备课上课，学生没有任何问题，老师的内心是会沮丧的。这时，老师们会想，是不是我课讲得不够生动？所以每当有学生提问，老师都会积极解答，哪怕问题是已经讲过的。

所以，同学们应该多向王琨学习，只要有不懂的问题就及时地想办法弄清楚。要知道，既然有不懂的知识点，就说明你没有真正熟练掌握，一旦进入拖延症模式，不提问、不解决，日积月累，不懂的问题就会越来越多，直接影响到学习进度和学习积极性。到那时，就得不偿失了。

那么，同学们应该如何做才能尽快解决问题，进而避免拖延呢？

第一，请教老师，让老师帮忙讲解。有了问题，最直接的方法就是问老师。就算这个问题对于别的同学来说很简单，但你不懂就要问，就算这种问题老师不会喜欢，但是对于你来说却很重要。

第二，自行查阅复习资料。对于不懂的知识点，除了问老师或者同学之外，同学们还可以通过自主学习的方式，比如查相关的资料来解决。

有的同学觉得查资料太浪费时间，可是通过查资料，不仅可以树立自主学习的意识，还可以加深对知识的记忆和理解。查阅资料后，若是还有不懂的地方，继续问老师，效果将更好。

同时，查阅资料的过程中，同学们还可以阅读其他的知识，扩大自己的知识面，可谓一举两得。

当然，这里所说的资料，可以是同学们的课本，也可以是相关的辅导资料和习题。

第三，认真整理课堂笔记，课堂笔记对于学习是非常重要的。课堂笔记里记录了所学内容的重点、难点，所以遇到不懂的地方可以通过查阅自己的课堂笔记找到解决的方法。如果还有哪些知识点不懂，你可以找出类似的典型的题目，然后多做、多总结。

说到底，杜绝课堂听课时的拖延症，及时解决没懂的知识点，实际上是要求同学们充分调动自己的主动性，对学习充满热情。很多同学在学习中恰恰缺乏这一点，不懂的地方宁可烂在肚子里也不肯开口问别人，不愿意与老师主动交流，更别说主动提问了。

所以，同学们必须认识到拖延症的害处，积极需求改变，树立对学习的积极性和主动性，进而提高学习效率和学习成绩。

# 2

Chapter

每一位"学霸"，都有他"高高在上"的砝码

想要成为"学霸",每个同学都应该有自己的学习方法,要养成良好的学习习惯,这些方法和习惯就是你最好的砝码。抓住课堂那宝贵的45分钟,做到会听课、听好课、听懂课,才能不白白浪费时间。保持积极乐观的姿态,成为学习的主人,并且会学习、善学习,才能成就学习的高效。

## 自主学习，争做课堂的主人

在许多刚进入初中的孩子身上，我经常看到这样的问题：那就是为听课而听课。就是看起来听课很认真、很专注，课堂笔记完整度也非常高，甚至像复印机一样完整复述老师所讲内容。但是问起这节课的重要知识点，就是另一番景象了。这些同学不是支支吾吾表达不清，就是前后颠倒东拼西凑，听课质量非常差。

这样的听课方式，除了在本子上记录老师的话，还有实质性收获吗？答案是否定的。

事实上，这样全盘接受、生搬硬套、囫囵吞枣的听课方式，就算你能把老师讲的话全都背下来，也是没有效率的，是非常失败的。这也就是为什么一些同学课堂上一直专心致志地听讲，甚至把老师讲的每句话都记在心上，可到了做题时还是不会，甚至迷迷糊糊的重要原因。

他们只是单纯地"复印"了课堂内容，而没有用自己的大脑来主动思考，没有将这些知识真正地理解和掌握。要知道，老师所讲的内容只是帮助同学们掌握知识的桥梁，桥本身只是工具，并不是目的。老师授课水平有高有低，就像桥有好有坏一样，这点你是不可选择的。你能够努力的地方在于，通过这座桥成功地到达对岸，把知识装进自己的大脑。

换句话说，课堂学习的重点不在于老师讲什么、怎么讲，而在于作为学生的你学什么、怎么学。不复制老师的话，有选择地听课，不仅可以节省时间和精力，而且对提高课堂效率也是非常有利的。那么，同学们如何做到有选择地听课呢？我建议注意以下几点：

第一，课堂上学会抓住老师讲课的重点。一节课下来，老师很少像记流水账一样平铺直叙，大多数时候会强调重点，提醒同学们需要注意哪些问题。

比如，老师在讲课时，遇到重要知识点，会在板书中用彩笔勾勒的，直接要求同学们着重注意的；老师还会指出考试中最容易混淆和出错的地方，让同学们重视起来。只要你认真听讲，按照老师的要求去做，便可以抓住重点、难点、易错点。

第二，要抓开头和结尾。有的同学听课时常常忽视老师讲课的开头和结尾，认为开头语不是"正文"，结束语是"正文"的"重复"，可听可不听。其实不然，老师讲课的开头，虽然往往只有几句话，却是整节课的提纲，只有抓住提纲去听课，才能使内容清晰。结尾的话虽然不多，却常常是一节课内容的总结，是对本节重点内容的提炼。

第三，学会根据自己的情况找到听课的重点。一般来说，老师讲的内容都要认真听，但有时老师为了照顾不同层次的学生，教学进度一般以中等学生的理解能力为主，顾及差生的能力所及，这样一来，每个同学要根据个人的需求来重点听课了。

第四，学会把吸收到的每一个知识点分门别类。老师每次强调一个知识点，同学们要把它及时归类，放进大脑中的知识库里。这听起来有些复杂，其实非常简单，就是把新知识和旧知识做比较，确定它属于哪一个类别。然后，把新知识和旧知识连起来，再进行系统化的记忆。

我曾经建议学生尝试画出知识结构图，取得了不错的效果。就好像写文章要有思路一样，听课同样要有思路。老师会根据课堂内容和学生能力水平设计出一个完整体系，它反映一系列课堂内容是怎样编排组合的，是怎样衔接过渡的，恰似一条环环相扣的链条，把知识点串联在一起。

因此，同学们不能仅仅满足于抓住知识点，还要适当地"跳"出来，根据老师的课堂思路，在大脑里或者拿一张纸来理清知识点之间的整体联系，画出一幅知识结构图。

在画知识的结构图时，你需要积极总结课堂内容，并且与已经掌握的知识点进行交叉对比和关联。如果你能够在听课的过程中通观全局，就尝试着把知识点综合起来看待和记忆，如此一来，知识结构图就可以清晰深刻地留在大脑中，促使听课效率大大提高，同时可以在使用时迅速回忆起相关知识。

所以说，听课不是被动的，也不是单方面的，课堂的45分钟是一个充分发挥主观能动性的过程。同学们要学会主动听课，有选择性地听课，如此一来，才能真正把握住这45分钟，获得最高的回报。

# 听课要学会"留心眼"

张帆进入初中之后，学习成绩一直在中等偏上徘徊，按理说不是"尖子生"，老师们对他的印象应该不会太深刻呀。但是张帆是个例外，几乎所有任课老师都记得这个戴眼镜的男孩子，原因很简单，张帆有个出名的爱好：听课不老实。

当然这个"不老实"并非不认真听讲、喜欢捣乱，而是说张帆在听课时特别喜欢问为什么。语文老师就跟我提起过张帆，说自己教了一辈子语文，难免有口误的时候，比如把人物名字说错等。而这些口误都逃不过张帆的耳朵，每次他听到后，都能第一个指出来。

通过我的观察，我发现张帆是一个很有"心眼"的学生，从来不满足于那种只是认真听讲的状态，而是课堂上不断地提问题。比如，"这个知识点老师为什么这么讲？""刚才回答错误的同学为什么错了？他是怎么想的？""老师为什么说这节课是这一章的重中之重？"

总结起来就是：无论是老师讲课还是提出问题，或者是同学回答问题，张帆的大脑都在快速运转着，思考问题、回答问题。这样的听课状态带来的直接好处是：积极思考，变被动为主动，既检验了自己的想法，也弄明白了他人对错在哪里。正因为如此，张帆的学习效率大大提高，学习成绩从最初的中等偏下稳步提升到如今的中等偏上。

有一位教育专家提出过学习上的"拍球效应"，我们拍一个皮球，用力越大，反弹越高。"拍球效应"告诉我们一个道理：一个人承受的压力越大，潜能发挥程度越大。反之，人的压力越小，潜能发挥程度就越小。

张帆这种在课堂上不断自我提问的做法，与"拍球效应"可以说是异曲同工。他相当于进行了自我加压，促使自己不断思考、不断寻求解决问题的方法，更利于课堂学习过程中的思维活跃。

那么，在课堂上如何做到这种"留心眼"听课呢？首先我建议同学们充分调动自己的感官，做到眼、耳、手多管齐下。

眼看，即要认真地看教材和必要的参考资料，还要注意看老师的表情、手势和板书，把书上知识与老师课堂讲的知识联系起来。同时，还要注意优秀同学的上课反应等；

耳听，即要注意听老师讲课，特别是知识重点和难点，听同学的提问，听大家的讨论，听其他同学的不同见解，听老师的答疑；

脑思，即要多动脑筋，积极地思考所接触的知识，注意加强对知识的理解；

口述，要求能复述老师所讲过的重点，背诵重要的概念、定理，大声朗诵老师指定的段落，同时预习时没有掌握、课堂上新生的疑问要大胆地提出来，大胆回答老师的提问；

手写，即听课时要边听边写，写老师讲授的重点，在教材上圈画重点、批注感想、标出难点等，做好课堂笔记。

以英语学习为例，在学习英语单词elephant（大象）时，要让你的各种感觉器官尽可能参与到学习活动中。听到老师说elephant时，应在脑海中想着大象的形态，手写着单词，同时跟老师一起或自己读e-l-e-p-h-a-n-t—elephant。除了要正确发音与拼写外，还必须留意老师对单词音标的分析，思考这个音节要这样发音，做到全面掌握。

总之，当眼、耳、嘴等多器官一起学习时，会加强大脑不同部位参与上课的主动性，大脑处理信息的能力自然也得到加强。这样一来，同学们就可以真正把要学的知识学到手，并且变成自己的东西。

另外，我还要强调一点：课堂时间有限，做笔记时，没有必要将课堂上的所有内容都记下，也不要试图记下每一个概念、事实和细节，而是要选择其中最重要、最关键的内容，比如重点和难点。这就需要在听课过程中多多留心，发掘重点、难点和关键内容。

重点，就是老师反复强调或者要求同学们记录下来的内容。这个很简单，只要老师说"这个要记下来"，或者故意重复地说几遍，留出记录的时间，你就详细地记录下来。还有遇到听不懂的知识点，一定要记录下来，课后认真体会或者向老师提问。

难点，就是觉得自己难以完全理解或者对自己很有启发的、之前没接触的部分。比如，老师讲了三道例题，其中一道很简单以前做过，就不必记录。如果有一道题对你很有启发，是你没接触过的新解题思路，这个时候，你就需要把它记录下来。或者老师突然提到了什么知识点，你觉得很新鲜，也可以记录下来。

爱因斯坦曾经说："提出问题往往比解决问题更重要。"巴尔扎克也认为："打开一切科学的钥匙毫无异议的是问号。"因此，我提倡同学们在听课时多"留个心眼"，用意就在于让你充分调动脑力，多问为什么，问自己，问老师，问同学，在一个又一个的问题解决过程中更牢固地掌握知识点，大大提升课堂学习效率。

# 抓住课堂的黄金时间

每个人每天都有24小时，但成就有高有低；每个学生一堂课都是45分钟，但学习有好有差。有的同学能完全掌握老师所讲的新知识，有的同学接受了大部分，掌握了本节课的重点、难点，之后课下通过复习也能掌握新的知识；有的学生听了一节课，收获却寥寥无几，而且精神状态也不好。

为什么在同样的学习环境、同样的学习时间、同样的老师授课下，同学之间会有这么大的差别呢？虽然不乏某些客观因素，但更多的原因在学生自己身上。那些听课效果差的同学，没有掌握好听课的方法。事实上，只有掌握好听课的方法，抓住课堂的黄金时间，听课质量和效率才可能提高。

在初中阶段的课堂上，尤其是初中一年级，有些同学还没有从小学的课堂状态摆脱出来，上课不能长时间专心听讲，集中注意力的时间太短，不能适应知识点的增多。所以，这些同学常常走神儿、开小差，对老师讲的知识内容充耳不闻，甚至记不全或记不住老师口头布置的作业。

一般来说，这些无法认真听讲的同学，除少部分是患有"多动症"外，绝大多数是由于缺少自觉性，不能主动控制自己的行为。他们不仅将宝贵的课堂时间白白浪费掉了，而且还错过老师讲述的内容，无法跟上老师的讲课思路，没法进行有效的思考。时间长了，听课效率就变得越来越低，学习成绩也只会越来越差。

因此，当你发现自己出现上课听课质量低下、容易走神等问题时，一定要及时地做出改变。具体来说，我建议你做到以下几点：

第一，思路要紧跟着老师走。克服上课爱走神的毛病，最重要的是要跟上老师的思路，积极与老师进行有效互动。我在课堂上经常强调，听课时要尽量看老师的眼睛，并视线要跟随老师移动而移动，让老师能感觉到你在认真听讲。

第二，一边听老师讲课，一边开足马力动脑子，理解老师说的内容，并且努力跟上老师的讲课进度。在老师讲话的间隙，小声或在心里把老师讲的内容重复一遍；或者准备一个小本子，把老师讲的比较重要的话记下来。

对于成绩优秀的同学来说，即使老师课讲得并不算好，他们也照样能够自我约束，不让思想开小差，努力做到跟着老师的思路走。正因为如此，他们往往可以学到别人忽略的知识点，提高课堂学习效率，考试考高分。而那些成绩相对差一些的同学，课堂上的自我约束力差，很容易就走神、开小差。

第三，充分做好身体上和心理上的准备。中学生的课业负担较重，需要同学们有充沛旺盛的精力和健康的体力。为了有个好身体，同学们一定要保证这两点：一是养成良好的作息习惯，二是注意饮食和营养卫生。

另外，要想有较高的听课效率，还要在心理上做好准备，这是一条容易被同学们忽视的一点。要知道，听课的过程是伴随着学生的动机、情感、兴趣、意志、毅力和个性等心理因素参与的运动过程，其参与度与学习效率成正比。

一位教育界人士曾说过："学生只有在目的非常明确，心情非常愉快的情况下，才能充分发挥自己的学习潜能，学习效果才能提高。所以，我们一定要在保持良好的体力和精力的基础上，让自己有饱满的情绪状态，认真、愉悦地投入听课当中去。"

第四，重点锻炼自己排除干扰的能力。课堂上能否认真听讲，并不完全掌握在同学们手里，与各种干扰因素也有很大关系。比如，同学们在心情低落、课堂纪律混乱、老师讲课内容抽象的时候，最容易思想开小差。这时候，同学们要学会自我意识的觉察与转移，排除一切干扰，避免受外界因素的影响。一旦发现自己走神，在心里马上给自己喊"停"，从无意识转入有意识的听课状态。

我在讲课过程中还经常发现这样的现象：有的同学听课时，尽管眼光停留在老师的脸上，但思想早已飘在教室之外，脑袋里考虑着其他问题。所以，同学们要集中注意力，认真做课堂笔记，迫使自己认真听讲。

总而言之，同学们一定不要小看课堂上的45分钟时间，想要取得好成绩就必须充分提高课堂上的学习效率。把握好课堂45分钟的黄金时间，是你成为"学霸"一个重要途径。

# 积极互动保证听课质量

凡上过我课的学生，都会有一个特别的体会，就是我特别喜欢在课堂上问同学们问题。不管是课本上的知识点，还是课后习题中的小问题，我都会向同学们提问，引导大家回答问题。在我看来，一堂高质量的课必须有互动，如果讲课过程中学生与老师之间的互动太少，很可能让学生走神溜号或者偷偷做其他事情。只有在课堂上与老师积极互动，学生们才能保证高质量的听课，高效地把课堂上的知识点掌握完整。

在课堂上引导学生积极互动，充分发挥学生学习的积极性，这不仅仅是我的教学主张，同时也是新课改的重要一环。同时，我也希望同学们能够在课堂上紧跟老师的讲课思路，积极回应互动，从而保证注意力的高度集中、思维的高度活跃。

其实，积极和老师互动，是同学们向老师学习的基本途径。从课堂的时间分配上来说，我更侧重于互动之后，给同学们留下足够的思考时间。互动就是为了了解大家对于课堂知识的掌握情况，从而做到心中有数。而给同学们留下足够的思考时间，就是为了让大家对于课堂收获有所总结，同样做到心中有数。

更深意义上来说，中学生刚刚意识到学习的重要性，自觉追求知识的欲望还不强。在讲课的过程中，老师会通过互动检查课前布置的预习任务落实情况，避免了把预习当耳边风的情况。因为若是你根本没预习，课堂上就会不敢辩论，不敢发言，不敢交流，从而导致听课质量不佳。

那么，如何保证在课堂时间与老师良好互动，充分掌握课堂知识点呢？

第一，要吃透课本，牢牢抓住教材中重点，紧紧围绕重要知识点去思考问题，明确自己的知识追求目标；学会弹知识钢琴，而不是面面俱到，主次不分。

此外，同学们要注重提高知识面的宽度，特别要注重知识点与现实的社会现象和生活紧密结合，避免为学而学、学无目标。

第二，积极参加讨论。我在课堂上经常会采用分组讨论的方式增加互动，目的是以优秀的学生带动普通的学生，相互启发，巩固记忆。我也希望同学们能够积极参加这样的课堂讨论，在互动中增加知识点的记忆效果。

在我看来，同学们如果在课堂上能够积极地参与互动，不仅是学生与老师，也包括同学之间积极互动，自由发表各自的观点和看法，如此才能培养自己的创造性和创新性。

同学们一定要明白：老师的讲课节奏和进度是有明确的目的和策略的，通常会提出问题以便帮助大家加深记忆，或是引导大家朝某一结论进行思考，或是对某个知识点进行反复强调。总之，老师在课堂上的每一个举动都是有用的，同学们要积极参与和互动，否则的话就会降低学习效率。

从另一个角度来说，那些时刻准备与老师互动的同学，即使没有获得回答的机会，也会获得相应的成长。因为当他们的注意力高度集中并听别人回答时，大脑必然会跟着思考，辨别对方的思路是对还是错。同时，他们还会在脑子里把别人的回答和自己的答案作比较，如果答案不一样，会快速思考对错以及出错的原因。这对于课堂学习来说是非常宝贵的收获。

第三，积极互动并不仅限于课堂的45分钟，还包括课后的互动。我经常在课堂上向同学们布置课后的互动任务，比如学习《钱塘湖春行》这篇课文后，我向学生提出这样的问题：学习这一课，你了解到什么？课余时间把你了解到的知识告诉你的好朋友好吗？这样的互动过程中，使得课堂上的知识点对于学生来说更加"接地气"，更容易记忆。

可以说，好的课堂互动，可以让同学们在学习的过程中相互沟通，相互影响，相互补充，更多地发现问题、提出问题、解决问题，形成一个真正的"学习共同体"，从而更高效地保证课堂听课质量。

所以，同学们要积极主动地利用互动为自己的学习服务，不再是被动的知识接受者，而是主动地参与课堂互动，成为会思考、会学习的学生。同时，同学们应该努力改变过去那种刻板式的听课模式，做到静与动相结合，课堂与课外相结合，盘活课堂教学气氛，最大限度激发自己的学习兴趣。

# 学会课间休息，保证课堂精力

列宁曾经说过："不会休息的人就不会工作。"其实，学习也是如此，不会休息的人就不会学习。

从本质上来说，学习是一种高强度的脑力劳动。进入初中阶段之后，课程数量增多，课堂知识点增加，这需要同学时刻保持高度集中的注意力，时刻保持清醒的头脑。而这对于十几岁的你来说，是一个很大的挑战。

我们知道，脑力劳动和体力劳动没有什么分别，都会产生疲劳感。从事体力劳动产生的疲劳，休息一下就可以恢复。但是，脑力劳动所产生的疲劳，恢复就不是那么容易了，即使你停止学习，大脑的紧张和兴奋也很难在短时间内平静下来。因此，在强调课堂听讲高度专注的同时，我也会提醒同学们要学会放松和休息。因为在紧张的学习之后，让大脑充分地放松，是保证大脑神经细胞发挥正常的必要条件。

我希望同学们能够学会劳逸结合，学习的时候高度专心，休息的时候要彻底放松。精神放松了，然后才能集中精力专心学习。如果在疲劳状态下继续学习，只会降低学习效率，把记忆和理解知识点的过程拉得更长。如此一来，你的大脑就容易疲倦，精神也随之涣散了，反而达不到好的学习效果。

当然，休息的概念并非简单的睡觉或放空大脑。实际上，最正确的休息应该是一种精神和生理上的有效调节。从某种意义上来说，休息也是需要技巧的，而且休息本身也是有效率高低之分的。同学们不妨看看下面两种休息的方法：

下课后，有些同学选择趴在桌子上休息，或发呆，或闭目养神；有些同学选择到教室外面撒撒欢，运动一下，听到上课铃后再进入教室。

我想说的是，第二种休息方法更好一些。第一种休息方法，虽然可以使大脑得到一定的休息，但效果并不明显。尤其在紧张的学习后，同学们的大脑会被课堂上的各种问题和知识点占满，简单的发呆或闭目养神很难让大脑迅速平静下来，仍处于混乱、高速运转的状态。

而第二种休息方法，通过轻松愉快的体力活动，能够促使你的大脑尽快转换模式，运动神经的次级可以转移兴奋点，使大脑脑力劳动的部分迅速恢复常态。

所以，在紧张的课堂学习之后，同学们不妨采用第二种休息方法，适当到室外进行运动，呼吸新鲜一点空气。特别是以下这几个时间段，同学们要学会利用短暂的时间让大脑得到充分学习，从而让自己始终保持充沛的精力。

第一，课间十分钟。不知同学们有没有思考过这个问题：学校为什么要在两节课之间安排十分钟的休息时间呢？其实就是为了让同学们在紧张的学习后，好好地休息，然后高效地进入下一节课的学习。

但是，很多同学却不懂得有效地利用这宝贵的十分钟。一些同学认为课间休息是浪费时间的，还不如多看几页书，或者多做几道题。这看似高效利用时间，实际上是降低了学习效率。课间时间看书或做题，大脑还保留着上一节课以及课间做题的内容，需要一段时间的调整才能进入下一节课的学习状态，然后影响下一节课的听课效果。

一些同学虽然懂得休息，但只是趴在桌子闭目养神或是睡一小觉。而这种做法根本就无法消除大脑较长时间紧张工作所形成的疲劳，更重要的是，上课铃一响你立刻擦擦口水端坐起来，那大脑也很难尽快从睡眠惊醒状态下恢复过来。这同样会影响接下来的课堂听讲，还可能让你整堂课都处于混沌状态。

所以，课间休息的时候，我建议同学们一定要适当休息，最好不要留在教室里，要到室外去适当活动。不管对于大脑的休息还是身体的休息，这都是相当有好处的。

那么，课间休息适合做些什么活动呢？其实，同学们能做的活动非常多，比如：到操场上看看远处，看看蓝天白云，可以放松眼部肌肉，预防近视；或者根据学校的安排，认真做一遍广播体操或眼保健操，缓解身体和眼部疲劳；可以在校园里散步，既能活动全身肌肉，又使血液循环加强，增强新陈代谢功能；可以与同学们一起做些运动量不大的游戏，如跳绳、踢毽子、立定跳远比赛等，不但可以活动身体，还可以调节神经。

第二，中午这段时间，关系到下午的学习质量和效率，同学们也要学会适当地休息，没必要忙着看书和做题。道理很简单，如果中午没休息好，下午上课时就特别容易犯困。正所谓"中午不睡，下午崩溃"，午饭后最好小睡一觉，即使只眯上十多分钟，也会有不错的效果。

第三，下午放学后，同学们要完成各科老师布置的家庭作业，同样，这个时间段也应该注意劳逸结合。不妨给自己制定一张"课余学习时间表"，把闹钟放到桌子上，闹钟响了，就应该放下书本休息。这样有助于我们保持良好的学习状态，提升学习效率和质量。

第四，再来说说周末，对于那些争分夺秒学习的同学而言，周末休息是不存在的。因此，他们会把时间排得满满的，除了上培训班，完成作业，还有做习题。

这种学习方法，我是不提倡的。经过5天紧张的学习，同学们的精神每天都处于高度紧张的状态，如果得不到充分休息，精神压力始终得不到排解，时间久了就会出现问题。比如，神经衰弱、焦虑、亚健康等，促使之后无法正常学习，可谓是得不偿失。

因此，到了周末，同学们一定要合理安排学习时间，让自己的大脑和身体得到充分休息。你可以看看电视、踢踢球，或者听听音乐、读几本课外书，再或者帮助父母做做家务、与几个同学一起到郊游远足。

这些愉快而有意义的活动，都能使你的神经松弛下来，把积累一周的疲惫通通赶跑，从而以最饱满的情绪和充足的精神去迎接下周的学习。

说了这么多，我的目的只有一个，就是希望同学们能够学会休息，学会劳逸结合。学习不是死读书，更不是耗时间，比谁坐得久，而是要找方法，实现学习效率的最大化。只有学会休息，同学们才能保证精神高度集中，把学习效率最大化，轻松取得好成绩。

# 和草稿纸成为形影不离的好朋友

提到草稿纸，每一位同学都不陌生，不但平时做作业会用到，考试时也是"标准配备"之一。但是大多数同学对于草稿纸相当不重视，要么随意地写写画画，要么根本不使用草稿纸。

其实草稿纸并非像同学们想的那么没有价值，在考试时，正确运用草稿纸也是同学们应试策略的一部分，它直接关系到你的考试得分。我希望每一位同学都能够认识到这一点。

或许有很多同学要问：草稿纸有那么重要吗？除了做题时能够写写画画，还能有多神奇的功效？我想说的是，问这个问题的同学，一定不善于运用形象思维来解决问题。我曾经教过一个学生，最擅长运用草稿纸来解决问题和简化问题。遇到一道题目，他做的第一件事情就是在草稿纸上把问题的图示画出来，然后再去观察和思考，这对于解决一些抽象化的难题有着惊人的效率。

对于善用草稿纸的好处，我大致总结了一下，有以下几点：

第一，善用草稿纸，可以变繁为简，把抽象问题简单化。善于把抽象问题转化为形象化的图形，在考试中有助于同学们整理思路，将繁杂的事物变得简单。以数学和几何题为例，如果是道路，可以通过线条来表达，如果是结构，可以用圆形来表达。除此之外，还有一些曲线图，如抛物线等，通过简单并且适合的图形来表达题目中的各个条件，能够极大地帮助你自己理清思路，尽快找到解题方法。

第二，草稿纸有助于我们更加精准地描述问题关键。如果在题目中已经明确指出本身的尺度和倍数，比如，已知条件中给出80分钟与20分钟，那么同学们在草稿纸上把问题形象化构图时，最好能够把80∶20，用4∶1的形式表现出来，这样有利于加快计算速度，提高计算准确度。

当然，还有一些题目，如果已经表明已知图形是等边三角形，那么，准确地在草稿纸上画图、列出条件，能够帮助你在解题的过程中明确解题思路，尽快找出答案。

第三，在草稿纸上把题目的已知条件标注清楚，可以避免遗漏解题关键点。利用草稿纸演算的时候，很多同学会仔细地把已知条件标注出来。比如，题目中已知图形是三角形，三个内角分别为30°、90°、60°，或者是题中已知条件是甲地、乙地，或是A点、B点。把这些要点都标出来，才能帮助你理解考题，进而更加直观地从图示中寻找解题答案。

可以说，在草稿纸上标出已知条件，是一种通过图形来理清考题意图的重要方法。通过这种方法，同学们可以将一些比较抽象习题变成具体的画面，还可以避免遗漏那些已知条件中的细节信息，从而更高效地做题。

此外，在往常考试的过程中我还注意到一些问题：一些同学做数学题、写作文时很愿意使用草稿纸，但是他们并不会正确地利用草稿纸。

开始答题时，他们就会在草稿纸上乱写乱画，没有丝毫条理，把整张纸弄得乱七八糟。实际上，这很容易造成不必要的失误，在草稿纸上乱七八糟地计算，可能会导致计算错误，或是计算正确誊抄错误的情况。

我就遇到过这样的情况，一位同学在草稿纸上计算正确之后，因为草稿纸太凌乱了，而导致誊抄错误，白白丢了好几分。可这时，这个同学已经追悔莫及了。

其实，使用草稿纸是有窍门的。由于每次考试所发的草稿纸是有限的，每人只有一张，因此考试时，同学们一定要节约使用草稿纸。同学们可以先把草稿纸对折、再对折，这样一张草稿纸就分为四个区域，正反面一起算就有八个区域。

使用的过程中，同学们不要随意乱写，而应该一个一个区域使用。这样做有两个好处：一是可以保证不浪费，一是方便后期检查试卷时查找原来的草稿。

最后，我再次强调一下：一定要培养正确运用草稿纸的好习惯，在草稿纸上不要写得太潦草，并且要按顺序计算，让自己能够轻松辨认。这样一来，同学们才能更好利用草稿纸，提高考试成绩。

# 题海之下，没有短板

对于初中阶段的学习来说，同学们做到准确、全面地理解和掌握每一个知识点，是取得好成绩的前提和基础。若是对知识点的理解不够准确、掌握不够全面，那么灵活和综合运用知识的能力就无从谈起。因此，同学们要根据课本内容，对所有课程的知识点进行认真梳理，力求做到每一个知识点从哪几个方面进行掌握都了然于心。

至于如何检验知识点是否掌握牢固，如何巩固所学知识，做题是最直接、最有效的方法。对于同学们都比较熟悉的"题海战术"，我认为不失是一个有效的方法。

任何知识、任何信息如果没有深入一个人的潜意识中，是不会影响人的行为的。就拿记忆来说，有关专家研究证明，想要真正记住新的知识和信息，一般人需要重复记忆七遍才能永久记住。

所以，对于一些容易出错或不会的问题，我通常建议同学们不断重复地利用做题来熟悉、掌握和巩固。有些同学做一次习题，侥幸做对了，他就认为自己真的懂了、会了。可事实上，对于这个知识点他根本没懂、没研究透彻。可若是多做几次题，多接触几个题型，结果就自然不一样了。

一般来说，重复的次数越多，时间越长，越有利于同学们把知识上的漏洞补扎实，成绩也就越好。比如，对于一道错题，即便你已经分析出自己做错的原因，但仍需要不断认真去思考、去解答，直到完全把它弄懂、弄透为止。

这不是简单无效的重复，而是让同学们在一次又一次的正向强化中，确立正确的方法，摸清解题思路。表面上看起来，你的前期努力是"浪费时间"，实际上好的方法、正确的思路对以后学习和解答类似问题起到了事半功倍的作用。

此外，很多同学忽视了一个重要因素，即只注重"埋头"苦学，却忽视了"回头"查补。比如，有些学习基础差的同学，只想在短时间内把成绩迅速地提上去，来不及把以前学过的知识全部理解消化掉，就急于求成地拼命做题，只追求做题的数量，忽视了做题的质量。结果，他们不仅成绩没有得到提高，还把自己搞得身心俱疲。

其实，我所提倡的"题海战术"不在于做了多少习题，而在于能否在做题过程中找到自己的弱点和短板。同学们通过反复做题，既要明确哪些方面是自己的弱项，哪些知识点掌握得还不够全面，还要针对这些内容有计划有步骤地加强练习，如此一来，才能脚踏实地地掌握更多知识。

所以，我经常告诫同学们，学习上一定要戒骄戒躁，做题时一定要本着发现短板的态度，抛弃没有耐心、粗枝大叶，或自满自得的态度。我还时常提醒同学们，每次写完作业都必须检查，查看有没有错漏，必须确保无错漏之后才能交出去。这种习惯的养成，对同学们每次作业的质量和考试得高分都很重要。

换句话说，题海战术不是盲目做题，而是要有一定的技术含量的学习方法。具体来说，同学们要把主攻目标放在发现自己的短板上，对于自己的强项不必再苦心钻研了。同时，同学们要通过对试卷进行测评，在细节上分析问题所在，找到相应的优化解决方案。

# 像对待考试一样对待作业

对于每一位同学来说，做作业就像是家常便饭，但是并不是如此。要知道，课后认真做作业，可以及时了解、检查学习效果，加深对知识的理解和记忆，锻炼和提高思维能力，是不可缺少的学习环节。

在我看来，尽管每一个同学都做课后作业，但效果却大不同。这是因为每个同学的态度不同、方法不同。也就是说，做作业也是有方法或策略的，同学们只有把握好的方法，遵循规律，保质保量，才能事半功倍，提高效率。我经常向同学们强调，课堂上听讲要认真，课后写作业同样也要端正态度，甚至要像对待考试一样去对待课后作业。

如果同学们能够把每一次做作业都当作考试来看待，会大大增强自己的认真度和紧迫感，做到高效、高质量地完成作业，同时可以提高你应对考试的信心和能力。

那么，如何高效、高质量地完成课后作业呢？具体来说，我给同学们提出以下几点建议：

第一，预先做好准备工作。做作业之前，同学们一定要尽力依照考试的要求，预先做好一切写作业的准备工作。比如，考试期间无特殊情况不允许离场，那么做作业的过程中也同样不能离开书桌。为了做到这一点，同学们在做作业前就应该提前喝水、去厕所，避免中途外出。

再比如，考试时不允许夹带书籍和资料，做作业时也尽量不要随便翻书、查资料、对答案等。为了做到这一点，做作业前，同学们就要好好复习当天的知识点，并且对作业情况做事前了解，然后再动手做作业。

当然，做作业时如果遇到了疑难题目，就可以另当别论了，同学们该查资料还是该翻书，以解决问题为宗旨。做到练中学，学中练，以达到更好地巩固知识的目的。

第二，认真审题，锻炼审题能力。审题是做题的首要环节，能否正确地理解题目的含义和要求是很重要的。然而，在考试中，我发现许多同学总是习惯一拿到题目就开始做，不好好读题审题，以至于对题意理解不透彻，进而出现不该出的错误。同时，这样做不仅速度慢，效率低，还可能为之后的学习埋下隐患。

因此，我建议同学们在平时写作业时就重点锻炼审题的能力，培养良好的学习习惯。同学们要认真读题，较难的题目甚至要看两三遍。同时，还要注意对题目进行分析与综合，即善于把一道题进行"解剖"，把题目分成几个部分并逐一研究，这样才能化繁为简、化整为零、各个击破。

第三，养成独立思考的习惯。做作业时，同学们尽量不要一遇到卡壳就翻书或看笔记，更不要因为记不住公式而停下来翻书看公式。遇到难题时，同学们要善于独立思考，尝试着变换角度去思考，设法沟通已知与未知的联系，争取能做多少就做多少，能解决到哪一步就解决到哪一步。最后，实在解答不出来，你可以再去翻看课本或笔记。

经过独立思考，获得的知识在头脑中印象深刻，理解透彻，能形成长久记忆。养成这样的好习惯，同学们可以对有关知识进行灵活运用，从而增强逻辑推理能力。

在这里我要特别提醒一下同学们，做作业时不要总是询问家长，久而久之，便会形成家长的依赖。一旦考试时家长不在身边，就不知道怎么做题了。

第四，做完作业后要认真检查。在做作业的过程中，由于种种原因，难免会出现这样那样的漏洞和问题。因此，做完作业之后，同学们一定要认真检查。这是一个查漏补缺的过程，只有在平时提高作业的正确率，养成检查的好习惯，同学们在考试中才能增加得高分的机会。

具体来说，检查时要看解题过程是否正确，解题思路是否有问题，概念使用是否正确，计算是否有失误，思考是否周密等等。有时，需要从不同的角度去思考，用不同的方法去演算。通过检查，即使发现不了巧思妙解，在思考过程中同学们回顾了相关知识，尝试了多种方法，也可以得到不少收获。

另外，同学们需要注意的是，写作业要注重质量。有的同学写作业只重速度不重质量，只重结果不重过程，书写主次不分，导致解题逻辑和步骤混乱。这是错误的行为。因为在考试中，即便你的答案是对的，也是要扣分的。

　　因此，同学们在做作业时要严格端正态度，像对待考试一样认真对待作业。久而久之，就可以培养掌握主次、抓住要领的能力，同时，形成良好的学习习惯，比如认真审题、书写整洁、完成后检查等，以确保拿到好成绩。

所谓记性不好，是你没能正确激活并使用大脑

记忆，是人类大脑的重要功能，更是人们获取知识的重要手段。对于中学生来说，如果记忆力不强，那么在学习时就会浪费大把时间在记忆基础知识上，可想而知，这样的学习是不可能高效的。事实上，每个人都可以有"最强大脑"，可以拥有堪比"记忆魔法"的超强记忆力，只是很多同学缺乏了正确的记忆方法。那么，对于初中阶段的同学们来说，应该怎样去提高记忆力和记忆效果呢？

# 用自己的语言背书

很多同学都有这样的体会：每天需要背诵的东西更多了，语文、英语、政治，历史、地理这些课程很多东西是要求背诵的，感觉非常吃力和迷茫。很多东西记不住，背的时间长了会觉得头昏脑涨，记忆效率大打折扣。

很简单，这些同学只是死记硬背，没有找到高效记忆的技巧。我建议同学们不要死记硬背，可把背诵的部分先转化成自己的语言，这个过程其实是一个消化吸收的过程，一旦做到了融会贯通，就可以轻松记忆下来了。

无论是学习哪一门课程，同学们很大程度上都是一种被动接收的过程，留意的只是老师要求掌握的知识点，缺乏了思考和融会贯通。所以，著名作家林语堂先生曾经在《英文学习法》中说："背诵有活法与死法之别，鹦鹉能言的背法是无认识而无用的。正当的背诵应与体会同为一事，再闭书再体会、再尝试，这是正当的背诵方法。"这里所说的"体会"二字，正是先理解然后再背诵的方法。

理解是记忆的前提和基础，是最基本、最有效的记忆方法。我经常向同学们灌输这样一句话："若要记得，必先懂得。"一般来说，理解得越透彻，背诵起来就越快，反之，理解得越差，越缺乏对事物内在联系的认识，就越需要依靠机械记忆。而机械记忆的难度是最高的，花费的时间也最长。

同学们要想提升自己的记忆效能，就一定要充分利用分析和综合的方法对所学的知识进行理解。拿背诵一篇文章来说，背诵之前先要通读或者浏览一遍，弄清它的大致内容；然后逐步深入分析，弄清文章的结构，再根据结构分成若干段落，逐个找出主要思想，编制文章纲要。经过这些步骤，同学们就可以找到文章的要点和难点，这样就可以记忆文章的八九成了。最后，再将所理解和记忆的各段落联系起来反复思考，进行全面的理解和记忆。如此一来，一整篇文章就可以很快背诵下来，而且更有利于记忆的牢固性。

再说背诵古诗词，首先要真正理解诗人当时的思想，理解诗歌的意境，诗人写作的环境、心情等等。这些都能帮助我们完全记忆和理解，高效地背诵古诗词。

李一帆很小的时候就经常接触一些优美的古诗文，当时李一帆年纪还小，对古诗词相关的知识了解得太少，所以也就只能随便听听，兴趣也不是很浓。后来，李一帆上了中学，老师要求同学背诵课本上的古诗词，李一帆发现之前背诵的好多诗词都被遗忘了，感觉之前的努力都白费了。

一天，老师讲解白居易的《长恨歌》，要求同学们背诵其中一段。李一帆背诵了很久，就是不能完全背诵下来，感到非常头疼和沮丧。回家后，李一帆还为背诗的事不安，突然他回想起老师讲课时描述的诗词的意境，并提醒同学们可以用自己的语言来描述和记忆古诗。这让李一帆有了感悟，决定尝试老师所说的方法，结果没一会儿工夫，他就将长长的一段《长恨歌》完全背下来了。

后来李一帆感叹道："无论是古诗词还是现代诗歌，都是人们表达情感的一种方式，只是在表述方式上与现在的白话文有所不同而已。前人在创作诗词的时候，往往会将自己的情感、思想通过大脑的联想转化为具体的形象，并诉诸文字，这是一个创作的过程，也是一种思想的传达。虽然我们使用的语言与古诗词有差异，但是在内涵上是相通的，只要学会把古诗词转化为自己的语言，先把古诗词的内容和思想理解透彻，之后再背诵起来就会轻松得多。"

同样的道理，同学们也可以推而广之，把这个方法运用到那些需要大量记忆背诵的学科上。比如历史、地理等学科，很多枯燥的内容需要记忆，我们都可以用自己的方法对其进行"加工"，将其转换为自己的语言来记忆，如此一来，记忆效率就会大大提高。

上历史课时，我常常听到一些同学抱怨，说自己花了很多时间去认真记、认真背，但到头来还是没有办法记清楚那些历史年份和历史人物……其实，这种现象很普遍，很多同学在学习需要大量背诵的文科学科时都会遇到这种情况。他们记不住知识点并不是因为偷懒，而是确实花时间去努力背诵了，但效果却差强人意。就是因为他们没有找到合适的记忆方法。

如果你也属于这样的情况，不妨先看看这个中学生是如何做的：

这位学生的记忆力非常好，是班上公认的"记忆高手"。有一次他拿着历史课本对老师说："老师，我发现历史课本的语言实在太枯燥了，我经常在脑子里把一些历史知识编成用自己语言讲出来的小故事，这样我只需要记住故事情节就可以了。"

其实，这位同学的方法很简单，就是善于用自己的语言去转化知识点。正因为如此，他并不是聪明拔尖的学生，但是记忆力超群，没人能比他更快记住各种知识点。

所以，我始终坚信一点：不管学习哪一门功课，如果只靠死记硬背，你永远都不会取得好成绩。记忆是要讲究技巧的，学会先理解后背诵，用自己的方式先记下来，然后再进一步整合和记忆，必然会取得事半功倍的效果。

# 让知识在脑袋里"快进"

我国古代的教育家孔子说过一句话：温故而知新。对于初中阶段的同学们来说，每天需要上七八节课，所学的知识是很难全部消化的。如果不及时在课后借着完成作业和温习功课的机会将这些知识彻底进行消化，那么相信过不了多久，那些没有被消化的知识就被彻底遗忘掉。

"课后不进行温习，等于竹篮打水一场空。"这是我在每节课后经常说的一句口头禅，目的就是告诉同学们课后温习的重要性。但是，有不少同学往往忽视了课后温习的重要性，每天只是急于完成书面作业。

这导致老师讲过的新课哪些地方懂了哪些地方还不懂，哪些内容记住了哪些内容还没有记住，都是混乱和模糊的。如此一来，即便按时完成作业，也可能是白白浪费时间，导致作业质量不高。

其实，正确的做法应该是，课后不要急于做作业，而是先把课堂知识认真地复习一遍，重温当天老师上课的内容，对难点和疑点进行反思，从而把知识真正变成自己的。只有如此，做作业时你才能正确并灵活地运用所学知识，才能逐步提高学习效率和学习成绩。

王浩然是全班同学中学习最好的，为此同桌小明很是不解：我每天和王浩然一起上下学、一起上课，为什么他写作业又快又好，学习成绩也比我好很多呢？

经过一次聊天，小明心中的疑团终于解开了。原来，王浩然之所以成绩优异，关键就在于他在课后温习上下了很多功夫。平时一下课，其他同学就开始叽叽喳喳地聊天，或是到室外活动。而王浩然则会快速回想课上老师讲的内容，然后再翻开书看上两眼。这个过程只需要一两分钟时间，但整节课所学的知识就这样以"快进"回忆的方式被他消化、吸收了。

除此之外，晚上写课后作业时，王浩然总是利用30分钟时间把当天所学知识的重点复习一遍，然后再开始写作业。因为有了复习和回忆，作业完成的速度和质量就很高了。不要小看这简单的复习，正是这样的细节导致了学习成绩的差异。

常言道"今日事今日毕"，要想达到对知识和方法的整体把握，同学们就必须及时地对每节课所学进行即时温习和知识梳理。为此，我建议同学们从以下三个方面努力：

第一，课后要把课堂内容在脑子里用"快进模式"过一遍，将老师上课所讲的内容回想一遍。比如，想一想老师主要讲了什么问题？哪些是重点知识？老师是如何分析和解决问题的？有哪些问题自己已经弄懂了？哪些问题不完全懂？哪些没有弄懂。这样一来，不仅可以加深印象，还可以通过回忆检查自己听课的效果。

如果你能顺利地回忆出全部或大部分课堂内容，那就说明你的听讲效果是好的。反之，你就应该及时查找原因，改变听课的方法。

第二，一边回忆一边对照课本知识点。对学习内容理解得越深越透，作业就做得越高效。边回忆边对照课本，不仅能让同学们迅速抓住知识要点，回忆起知识的关键点，还可以加深对知识的理解，保证知识的系统性和完整性。

当然，对照课本不是像看小说一样把课本从头至尾地看一遍，而是要有自己的侧重点。能够回忆的部分，只要大致看一看就可以了；回忆时想不起来、印象模糊或没有完全理解的部分，是需要同学们研读的重点，要多读几遍加深印象。同时，我建议同学们在温习功课时，用红笔在书上勾画出那些高度概括课文内容的部分，以及有利于记忆、带提示性的语句，然后反复精读，直到弄懂为止。

温习的效果至少要能够根据教材概括出本节课所学知识的要点，并将它纳入自己的大脑里已有的知识结构，以便实现知识结构融会贯通。这样既能理解知识，也有利于灵活应用知识。

第三，要善于利用课堂笔记。课堂笔记是上课要点的记录，同学们不能记过就扔在一边。课后同学们要及时整理笔记，查漏补缺，而这一点很重要。这是因为整理笔记的过程不仅是重温课堂内容、加深印象、强化记忆的过程，也是整理思路、进一步思考的过程。

同学们在课后整理课堂笔记时，一定要将漏记的重点内容补上去，记得不完整的地方要补完整，记得不太准确的地方要进行修改。如果你的课堂笔记比较零乱，还要重新组织和整理，让它更清晰和有条理性。这样一来，同学们只要看看课堂笔记就可以迅速回忆起所有知识。

此外，同学们还可以有意识地去回忆课堂知识点，每天让所学的知识点在脑袋里"快进"几次，还可以给父母复述课堂内容。因为这个过程中，同学们不仅仅需要整理自己的思路，还必须想办法组织合适的语言来把自己的思路表达出来。这不仅可以增强记忆，还可以锻炼表达能力。

开始或许有些难度，但是只要你养成了课后温习的好习惯，就会感觉越学越轻松，好成绩也就自然手到擒来。

# 模糊科目界限，把知识串成串

有不少同学和我倾诉过这样的烦恼：复习了很多东西，脑袋里不是定义就是单词，不是公式就是原理，但怎么到考试时就乱作一团，说什么也找不到我需要的东西呢？！其实，这说明同学们掌握的只是知识点，没有在复习时把这些知识点系统化、关联化，更没有把各科知识穿成串。

事实上，对于中学生而言，想要取得好成绩必须在努力学习的基础上认真复习，并且有效地将学到、复习到的知识运用到需要的地方。这就需要一个关键的步骤——巧妙地将大脑中一个个零散的知识点串联起来，系统地进行学习、复习、记忆与应用。

我曾经带过的一个学生，名叫张帅，中考时取得全区第一名的好成绩。关于学习方法，张帅说："要说我的学习方法，最重要的就是学会进行教材的知识体系整理，而不是沉浸于各种各样的复习资料中。"

对于每门学科，张帅都会把已经学过的知识点串联起来，同时也从不同角度把不同科目之间的知识串联起来，形成纵横交错的知识网，并简练地写在笔记本上，每天浏览一遍，帮助回忆。

比如复习地理时，他会拿出地图册和历史课本，对着地图去回忆相关的内容，遇到与历史相关的和知识点就翻开历史课本，把想到的历史知识点温习一遍。在复习物理时，一旦遇到需要运算的物理公式，他马上就结合数学运算公式把能想到的数学知识点复习一下。正是运用了这种联想加回忆的方法，让张帅在短时间内把各科知识形成了综合的知识网络。他这种独特的学习方法模糊了科目之间的界限，更好地把握了各个学科的知识。

在他看来，复习不是重复学习，而是深层次的、进一步的学习。他对所有学过的简单的、零散的、局部的知识点进行了综合考量，分析其地位与作用，然后再归纳、整理相互之间的内在联系，最终形成完整的知识网络。正因为如此，张帅在学习过程中基础知识扎实、综合分析能力强、答题思路清晰，进而在中考中取得高分。

最近几年，中学阶段的教育越来越重视对学生综合能力的考察，考试中几乎没有一道试题是课本上的原题，同时，还越来越重视对多学科交叉、多年级交叉的知识内容进行考察，使得考题跨度大、综合性强。所以，同学们在复习时，应该更侧重于知识的理解和梳理，尝试把各科知识系统地、全面地结合起来，建立属于自己的知识链和知识网络。

其实，建立知识链和知识网络就是通过寻找知识点的联系来记忆知识，不用死记硬背就可以巩固知识点。即使当一个知识点因时间过长而遗忘时，知识链又能通过再度寻找知识点的联系来唤起相关的知识，达到再现知识点巩固知识点的目的。

那么，在日常的学习中，同学们应该怎样去做呢？

第一，要学会把知识串联起来，建立知识链。同学们复习到一定阶段，会觉得大脑中充满了各种知识，等到答题时却陷入"一看就眼熟，再看想不起"的尴尬境地。这是因为很多问题的答案混在一起，无法找到需要使用的知识。

这时，同学们必须善于运用联想式的复习法将已学的知识串成完美的知识链，围绕一个小主题，精心筛选知识点，构建知识框架，以便达到由点到面的、系统的效果。这样一来，复习涉及知识面广，复习效果也自然良好。

比如历史学科中，同学们可以利用大事年表构建知识链条，记忆大事年表时联系其主要内容，而不是只记年代。同时，还可以把相关的地理、政治知识点根据相关的地形和年代串联进去。同学们还可以先记住一些最基本或较容易记住的年代，再去记它们的"左邻右舍"，从而把孤立的知识点编织成为知识网络。

第二，同学们要认识到不同学科之间的知识本就是相互关联的。比如，化学学科中化学方程式的计算，必然会运用到数学基本运算，数学运算基本功不扎实，解决化学计算问题时也就会遇到困难。同样物理学科中也有很多化学的知识，比如燃料的燃烧、二氧化碳的灭火、霓虹灯的颜色等。化学学科中则包含了大量的英语知识，比如元素符号、各种计量单位等。

这种横向的知识关联有助于同学们把已经学到的知识编织成知识网络图，既可以根据学科进行宏观编织，又可以细化到章节微观应对。这样的学习方法可以使同学们头脑清晰，一目了然。同时，这种方法还可以让同学们确定总体知识框架，也可以切分多个学科知识点，保证每个框架上都有细致的说明、要求和例题。可以说，这是一种有效、明晰、简易又便于记忆的好方法。

第三，复习过程中，同学们要善于理解和梳理知识点，在串联新的知识网络的基础上，重构学科知识框架，为将来准确答题储备好条理化的知识。

需要强调的是，在重新构建学科知识网络时，同学们一定要亲力亲为，不能随便抄袭其他同学。否则，在面对习题时，同学们就不能依据知识体系，迅速在脑中查找知识点，组织出完美的答案。

总的来说，针对中学阶段学过的知识，同学们必须进行整体复习，加以回顾和梳理，并运用将知识点串成知识网络的方法来了解自己掌握了哪些知识，哪些属于重点内容，哪些属于难点内容，哪些是我们已经掌握的，哪些是我们遗漏的。只有打下坚实的基础，才可以在考场上发挥出最佳水平。

## 情景剧是最好的记忆魔术师

在学习中，最难记住的要数英语课文了。这是我从学生小C的口中了解到的。小C，曾经是班级里的三好学生，乐于助人，活泼开朗，聪明刻苦，比较难的数学题都难不倒他。

按照常理来说，小C的学习成绩肯定不错，但事实却不是这样。他的数学成绩很好，但英语成绩却不怎么理想，而且时常出错的部分大多是基础知识。

小C告诉我，背诵对于他而言是很困难的一件事情，不是他不用心，而是无法记住。不管如何重复记忆，最后还是记不住。数学公式因为会运用到习题中，而且很简短，所以他理解起来很容易，不用一个字一个字地死记硬背；语文课文也是一样，他找到中心思想作为提示词，然后就能背出课文；可英语就不一样了，他找不到技巧，始终记不住。

事后，我反反复复思考小C的话，结合他平时的学习习惯，终于找到他在英语记忆方面欠缺的原因——英语实用性不强。我发现小C学习有自己的一套方法，通常会通过举一反三的方式综合记忆，所以，可以利用很短时间掌握知识点，但他也存在无法长时间集中注意力的缺点。而他无法短时间内背出英语课文就因为没有找到一个语言环境，很难用以往的方法来学习，所以死记硬背就起不到任何作用了。

我突然想到自己曾经去其他学校旁听过一节英语课，当时为了活跃课堂气氛，英语老师进行了情景剧表演，让同学们在讲台上用英语表演，重现课文场景。我想对于小C而言这或许是个不错的方法。于是我建议小C在课下时间找同学一起表演英语情景剧，果不其然，小C学习英语的热情空前高涨，而且记忆效果大大提升。

同时，他还带动了其他同学，大家都把自己当作小演员，把英文课本当作剧本，认真地投入情境中去理解和记忆。结果小C的英语成绩有了提高，整个班级学习英语的氛围也变得相当浓厚。

读到这里，你是不是有些跃跃欲试？想想看，自己就像一个演员，背课文就像是在背台词，为了融入角色而投入自己的情感，不知不觉课文就背诵出来了。

或许有些人认为背诵英语课文没什么必要。其实这种想法是错误的，我希望同学们能够明白一点，那就是考试时最简单高效的答题方式就是日常积累的"感觉"。在英语考试中，语感是非常重要的，比如有些填空题在审题的过程中就自动得出答案了，这就是日常积累的一种语感。尤其是做那些模棱两可的题目时，语感就更加重要了。

当然，你没必要把英语课文背诵当成一种任务，可以将它当成一种游戏，几个同学之间一起表演。就像课文有连贯性一样，同学们可以把几篇课文连成一个故事。如果你希望花一些时间在网络社区和其他人交流，那么这种学习方式也不会浪费你的时间，反而让你有更多收获。你可以找爸爸妈妈帮忙摄像，用手机记录下来，然后将拍摄的影片上传到网络社区。

你也可以在网络上找一些简单的英文小剧本阅读，就像作文素材一样，掌握的英语词汇和句型越来越多，语感就越来越强，英语记忆也就越来越简单。

其实，这种利用情景剧进行记忆的方法不仅仅适用于英语记忆，也可以适用于背诵语文课文，尤其是古文、说明文。同学们可以自己"脑补"，在阅读课文时在大脑中设想一个个的画面，就像一部小电影一样。这可以让你的记忆力大幅提高哦！

# 学会用对比来加深记忆

　　杨建的语文基础知识很好，可是写作文时语言总是干巴巴的，一点都不生动，因此很大程度地拉低了语文成绩。

　　我曾经给他的作文这样的评价——"缺乏文采"。对此杨建很是委屈，其实在语文学习的过程中他也背诵了很多名言佳句和优美词语，但是不知道为什么就是不会巧妙地运用。用他的原话来说，就是："背诵的时候确实是记住了一些好词好句，可是一写作文脑子里就一片空白了！"很显然，杨建并没有真正掌握那些语文知识和素材。

　　后来我建议他通过比较法来记忆好词好句，积累文学素养。比如，学"固执己见"，可以想到"一意孤行"；学"画蛇添足"，可以想到"多此一举"；学"旗开得胜"，可以想到"马到成功"；学"海上生明月，天涯共此时"，可以想到"大漠孤烟直，长河落日圆"等。

　　没想到这个办法对杨建很有效，一段时间后，他的作文水平有了质的飞跃。他的作文不再语言贫乏、枯燥无味，开始变得丰满起来，语言风格也改善了很多。如此一来，作文得分自然也提高了很多。

我们之前讲过，知识之间是互相联系的，当你看到新知识，就应该试着去联想其他科目的知识，或者与本科目的旧知识进行对比，找出它们之间的相同点、不同点、联系点，这样一来，记忆起来就变得容易很多。对比法很好地利用了背景知识，使得新学知识和已有的知识之间建立起了联系，不但加速了新知识的掌握，同时也温习了旧知识，这样的记忆方式让知识点在大脑里留下更深刻的印象。

所以，我建议同学们在记忆相关知识时，一定要善于寻找不同内容之间的相似性和可对比性。把类似的内容放在一起，寻找相同点或者不同点加以对比，比如描写手法一致、逻辑关系类似、发展走向一致等。把要记忆的内容放入自己的大脑里归类，然后分门别类地进行记忆。

这与我们之前所说的将知识点串联起来然后形成知识网络的做法有些类似，可以让记忆更深刻。即使有记忆不准确的地方，也能写出大致内容。

下面我重点说一说对比记忆法。对比记忆法常用的有以下几种形式：

第一，反义对比法。就是在记忆时，把相互对立的事物放在一起，这样就能形成鲜明的对比，容易在大脑中留下更加深刻的印象。比如，记忆"爱财如命"这个词，可以联系"挥金如土"这个词。学习有理数知识的时候，要同时联想到无理数等。这样不但记忆效率高，记忆的时效也会更长，更不容易遗忘。

第二，近义对比法。如果同学们留心观察就会发现，很多事物、知识点或多或少有着近似的地方，可以互相关联记忆。

曾经有个同学告诉我，他在学习历史时就时常把张骞和火警电话联系在一起记忆。为什么呢？因为张骞第二次出使西域的年份是公元前119年，这种脑洞大开的记忆方法让我大跌眼镜，但不得不承认它是非常有效的。

第三，关联对比法。关联对比，就是把同时代、同范畴、同类性质的事物进行比较。比如，学习"厄尔尼诺现象"，可以与"拉尼娜现象"进行对比记忆；学习几何图形时，可以把它的特点和数学计算公式进行比较。有的时候，学到新知识点时脑海里会闪现出一些有相同特点的知识点，这个时候同学们一定要重视起来，抓住这一闪即逝的灵感，趁热打铁把联想到的知识点加深记忆。这就等于一次记住两处知识点，何乐而不为呢？

第四，新旧对比法。初中阶段的课程连续性比较强，很多时候，新知识和旧知识存在着一定的联系。学习新知识时，同学们可以把它与之前已经学习掌握的旧知识点进行比较，找出知识点之间的相同之处、不同之处，以及内涵和延伸知识点上的异同。这些新旧知识点之间的对比，都有助于同学们对某学科知识的理解和记忆。

第五，交叉记忆法。人的左半球大脑侧重于逻辑与抽象思维，右半球大脑侧重于形象思维。倘若长时间学习同一内容，必然会使大脑皮层某一区域的神经细胞负荷，形成大脑区域疲劳。比如，学习数学时，左半球大脑皮会形成兴奋点。随着学习时间的延长，左半球大脑皮层持续兴奋，必然会使大脑皮层某一区域的神经细胞负荷，出现疲劳感，从而降低学习效率。

同时，在记忆相似的内容时，大脑往往受顺向抑制和逆向抑制两种现象的干扰。前者是指原有的记忆会抑制后来的记忆；后者是指后来的记忆抑制原有的记忆。一旦长时间、大量记忆相似内容的话，顺向和逆向抑制交互作用，就会使记忆消除，出现记忆迟钝的现象。

因此，在学习的过程中，同学们可以交替学习文理科的知识。比如，做数理化习题时，为避免出现越学越无趣的情况出现，应该学习一段时间后，及时调换学习内容，选择开始复习文科的内容，记英语单词、做语文作业，让两科的学习互相促进。这样的做法不仅能使大脑皮层中的兴奋从一个区域转到另一个区域，使紧张工作的大脑左右半球轮流休息，而且还可以避免前后的学习内容相互干扰，进而大大提高学习效率。

以上所介绍的集中增强记忆的方法，大部分都是在日常学习中学生们自己总结出来的，我加以归纳整理，方便同学们参考和学习。如果同学们能够掌握这些增强记忆的小窍门，那么在学习过程中实现"记忆魔法"就不是遥不可及的梦。

# "碎片化记忆"拼出高分数

如今初中阶段的教育偏重素质教育，平时的考试侧重于考核综合能力，以我多年的教学经验来看，任何综合能力的形成所依靠的都是对基本知识点和原理的理解、记忆。但是，有不少内容呈现出碎片化的趋势，记忆起来的确很令学生们头疼。很多同学都向我反映过：知识点太多太碎了，很容易记住，可很快就会忘记。

当然，不可否认的是，对抗遗忘的最有效方法就是不断重复记忆强化记忆。然而现在中学生的学习任务非常重，还要学习各种特长，摄影、舞蹈、跆拳道、绘画等，想要拿出大把时间去重复加强记忆，就成为一件奢侈的事情。

那么如何去解决这种碎片化记忆的矛盾呢？

一名叫张明的中学生给我很大启发。张明是一个学习很踏实的学生，但是进入初中之后，成绩一直不理想。后来他认真分析了原因，发现自己在那些简单熟悉的知识点上丢分严重。这些琐碎的知识点，明明平时都已经掌握，但是没多久就忘记了。

张明的母亲也是一位老师，帮他分析了原因后，并且引导他寻找了碎片化记忆的方法。张明为了随时随地对那些难以掌握的概念、定理进行复习，特意把这些小而碎的知识点写在小纸条上，随身携带，一有时间就拿出来背几遍。这种反复的机械的记忆不仅可以丰富知识储备，还可以保证所记内容的正确性。尤其是那些特别要求准确性的知识点，更需要反复、不断地记忆才能理解、掌握。

我觉得张明的这种方法和经验非常值得同学们去学习和借鉴。其实这个方法很简单，就是学会使用小纸条去加强重复记忆，具体来说，同学们应该如何去做呢？

第一，为了便于多次使用，同学们一定要选择相对结实耐用的纸张，比如铜版纸，既结实又有硬度，耐磨还适合携带。为了便于记忆，文字尽量简洁，言简意赅，一目了然。在内容选择上，同学们一定要选那些反复记忆却容易忘记的重要知识点，不能眉毛胡子一把抓，把所有的知识点都随身携带。

总之，原则就是要挑选那些在学习上非常有用的知识点，以及那些特别容易遗忘的关键内容。

到这里可能有不少同学会提问：每学科都有大量的内容，那我应该如何挑选要随身携带的知识点呢？举个例子，历史、地理这样的学科，很多知识点本身没有明显的记忆规律可以遵循，比如人名、地名、山脉的高度、河流的宽度、历史年代等，既烦琐又很难记住。但是，这些知识很重要，不记又不行，这种情况下，同学们可以写在小纸条上，随身携带，每天一有空就拿出来看看，以便加深自己的记忆。

平时课本上那些容易混淆的内容，同学们也可以挑出来写在小纸条上，重复记忆，加强记忆效果。此外每天学习的新知识，同学们可以趁放学前写在小纸条上，回家路上拿出来回忆一下，以便巩固所学知识。

第二，对于小纸条的形式，同学们大可不拘一格，根据自身的特点和喜好来制作知识小纸条，比如摘录、提要式、专题式、日记式、图表式、索引式等方式。小纸条的形式可以分为笔记本、活页纸、纸条、卡片等几种。

写卡片是一种相对使用比较多的方式，一张卡片摘记一个问题，便于灵活分类，又方便携带，而且不容易磨损。

第三，纸条并不局限于随身携带，同学们可以推而广之，把纸条放在家里经常看到的位置，最好是一抬头就能看到的地方。比如卧室的床头、卫生间门上、书桌写字台边，甚至是饭桌上。而且贴在家里的小纸条要根据同学们的学习情况和功课进度不断更新，如此才能发挥最大功效。

不过被换下来的纸条千万不要随手丢弃，最好是保留下来，可以在考试前复习的时候，再拿出来从头到尾复习一遍。

第四，同学们写小纸条的时候，最好以自己的弱科为主，或者选那些比较重要的课程。比如，你觉得数学学习有难度，可以制定一个"数学周"，在这一周时间内把家里和身上所有的小纸条都替换为数学知识，重点突击，定点加强，这样就可以促使自己在短期内提升短板科目的成绩。而且，这种方法特别适用于考前的复习。

我还要强调的一点，小纸条只看可是不管用哦。同学们一定要用心去记忆，每次拿出来小卡片，要努力去思考、去记忆，增强印象。

有些同学兴冲冲地买来卡片，找到知识点写下了，隔三岔五一本正经地拿出来看一看，效果却不理想。其实，这不是小纸条的错，而是你本身的态度和方法存在问题。

同学们需要做的是，抓紧日常零碎时间拿出卡片记忆，同时，一定要让自己的大脑高速运转。这样电光石火之间在脑子里转一转，辅以思考，才算是增强了记忆，才能真正实现"碎片化记忆"的效果，从而充分利用平时的碎片化时间提高自己的学习成绩。

# 精准学习，把教科书和参考书变成成绩加速器

到了初中以后，辅导资料与参考书数量猛增，不过，若是将参考书和教材对照起来看，有助于学生加深对教材的理解，而且还能实现知识提升，是学习上不可缺少的"助手"。不过，参考书还是需要精挑细选的，否则会加重任务量，白白浪费时间。

# 每本课本都有隐藏的"通关秘籍"

宋哲上初中一年级时，数学成绩一直上不去，为此到书店精心挑选了一大堆数学辅导资料和习题集。虽然他也知道这么多辅导资料根本看不完，可还是抱着侥幸心理，认为多看一点书、多做一些题总归没坏处。但一个学期下来，宋哲数学成绩不仅没有提上去，还对数学越来越厌烦，一上数学课就头疼。

我知道情况后，建议宋哲把买来的辅导资料和习题进行精简，重点把时间和精力花在课本上，打好基本功。把课本上的内容真正弄懂之后，再有选择地拿出一两本优质的辅导资料和习题来进行知识巩固。开始的时候，宋哲有些怀疑，但这样坚持一个多月后，数学成绩果然有了显著提升。

认真钻研课本，吃透课本，掌握好知识的基础和根本，这也正是许多成绩优秀学生的聪明之处。初中阶段大考小考不断，表面上看起来考试的内容漫无边际，出题方式变化多端，但万变不离其宗，最终都逃不脱课本。其中，课本中的例题和习题也是重中之重。

在平时教课时，我时常偏重于把具有普遍意义的方法和相关知识作为做题练习重点，精选课本上的典型例题解读，然后再依据课本内容精选练习题训练、巩固，进行分析归类，总结解题规律。这用不了太多的时间，却是一种相当高效的学习方式。

可以说，每本课本都有隐藏的"通关秘籍"，我希望同学们能够以课本为主，参考书为辅，正确处理课本基础知识点巩固与参考资料知识点扩展之间的关系。

那么，同学们如何挖掘和掌握课本中的"通关秘籍"呢？

第一，同学们要学会一边读课本一边思考。浮于表面，浅尝辄止地读课本，即使读上千遍万遍，也是根本谈不上理解透彻。这样一来，不仅无法保证课堂学习效率，还可能造成知识的遗忘和遗漏。

因此，读课本时，同学们要善于思考，对课本内容进行仔细揣摩。比如，领会课本内容，掌握课本内容的结构、整体思路；探究课本中的精深微妙之处、体会课本知识的内涵等。

同时，任何知识都是有其内在联系的，不同学科之间也是这样。所以，在日常学习中，同学们要有意识地注意知识横向、纵向之间的联系，进行系统化的学习。尤其是有些知识点和概念，不同学科之间的侧重点不一样，同学们要注意相互对照。只有这样，才能有结构、有系统地理解和把握内容课本。

比如，学习鲁迅的《孔乙己》时，可以着重考虑以下几个问题：小说中的人物的生活环境是怎样的？小说情节发展中人物思想性格、情感有什么变化？

作者是如何运用多种描写手法的？小说中对环境的描写有什么作用？然后，同学们还要考虑当时作者的写作背景是什么？中国社会发生了什么变化……

第二，要学会留意课本中的每一个知识点。现在，许多课本中都有阅读园地、小实验或插图等环节，这些内容都是教学内容的有机组成部分，是教科书编组人员精心安排的知识内容。如果这些内容与学习无关，就没有必要出现在书上。因此，在研读教科书时，同学们一定要从头到尾逐字逐句，注意留意每一个知识点，做到事无巨细、面面俱到。这对加深理解课本内容，全面掌握即将学习的知识很有好处。

比如，在不同学科的课本中，小字部分的篇幅比重有大有小，但这些内容往往是对课本知识内容的注释和扩展。甚至连附录中的内容都和课本有关的，对知识内容的补充和整理十分有用。认真阅读小字部分，有助于对正文内容的理解，能够帮助同学们全面、扎实地把握住课本，完整地掌握课本知识，促使学习起来更轻松。

需要提到的一点是，现在知识图表已经成为课本的重要组成部分，这些图表并不是独立存在的，往往与许多文字说明相互联系着。这与相对繁多的文字相比，往往会给人一个清晰、特别的感觉，让人看了不容易忘记。因此，同学们对这部分内容也要特别注意。

第三，要强调的是，同学们能够把教科书变成一本类似字典的权威参考书。有些同学虽然注意以上两种做法，但不善于查阅课本。平时在课本上查找知识点，比如一个概念、一个公式，往往不知道该看哪部分，该翻到哪里。这是因为他平时看书不注意对课本进行"加工"，没有整理出知识点脉络。针对这种情况，我希望同学们在看课本时，能够有意识去地整理知识点，方便需要时查阅。

比如，看课本时，可用彩笔把书上的重点部分、新概念或容易忽略的部分勾画标记，在书的四周空白处记下简要的体会；把课本中高度概括内容的语言以及有利于记忆、带提示性的语句做上比较醒目的标记；把课本中的重点例题、有代表性的题目画框处理……

这就等于把课本按照每位同学自己的想法，变成一本专属的"字典"，不仅能够迅速地抓住课本的要点和关键内容，而且还有利于加深对课本的理解和记忆，使课堂学习变得轻松起来。

第四，深入地挖掘课本自身隐含的价值。有些同学反映：课本内容没有意思，只有很少内容，一下就读完了。其实，这是因为在研读课本的过程中，他们没有深入地去挖掘课本自身隐含的价值，没有把学习内容真正地解读出来。同学们在日常学习中要重视课本知识的巩固和梳理，学会深入地品读课本，从不同的角度挖掘课本自身隐含的内容。

在我看来，课本是老师教、学生学的共同依据。做到了这几点，同学们才有可能挖掘出课本自身隐含的价值，找出课本中隐藏的"通关秘籍"。

# 用目录给教科书"瘦身"

从初中一年级到三年级，每位同学课桌上的教科书都在一步步地增加。厚厚的课本里有太多需要掌握的基础知识、基本技能，有些要求同学们牢牢掌握，有些不仅要掌握还要融会贯通。

所以，很多同学一打开课本，看到众多零零散散的知识点就已经"压力山大"了。那么如何轻松掌握厚厚的课本呢？这是困扰很多同学的难题。接着往下看，你就会找到把厚厚的课本读"薄"的好方法。

虽然知识浩如烟海，但只要提纲挈领，抓住整本书的纲，学习起来一定能事半功倍。对于课本来说，这个"提纲"就是整本书的目录。目录在整个课本的前几页，意味着统领着课本的全局，是整部课本的浓缩与精华。编者把基础的知识点和技能，复杂的内容归纳、整理，挖掘出最精华的部分，整理成目录。

在大多数同学眼里，课本目录的作用只是为了在不浏览教材的前提下迅速了解整册课本的信息。但我想说的是：如果能学会利用课本目录，在学习中同学们就会达到事半功倍的效果，而且还可以给课本"瘦身"。

只要能重视、用好课本的目录，便可以把课本读"薄"，并且牢牢地把课本吃透。

赵锐是班里的"数学小天才"，这个绰号始于一次期中考试。原本成绩中等的赵锐只是对数学很感兴趣，但是学习上不得要领，一直以来成绩并不十分突出。后来，他通过自己不断地摸索，发现了熟读目录的好方法。

他把整本数学课本的目录都牢牢地背下来，每一个知识点都明确知道它的具体位置——在哪一章哪一节，前后章节各是什么内容，他都能倒背如流。当然，赵锐背目录并不是死记硬背，而是能加上自己的归纳和创造。在目录的基本知识点没有纰漏的情况下，他还能根据基本知识点把知识延展，甚至把两个知识点结合在一起，真正地做到了熟练掌握，融会贯通。

这个方法使用不过几个月，赵锐的数学成绩就取得了令人吃惊的进步。在那次期中考试中，他的数学成绩竟然跃居班里第三名。这让数学老师都对赵锐刮目相看，专门跟赵锐进行了一次谈话，想要深入了解赵锐成绩如此快速提高的方法具体是什么。

后来，在数学老师的大力推荐下，赵锐在班里的读书分享会上把这个方法分享给了同学们。好的学习方法所有同学一起尝试和探讨，所以大部分同学的数学成绩都有了不同程度的提高，学习氛围也变得特别浓厚。

为什么背目录的方法能让赵锐的学习成绩取得如此快速的进步呢？下面我们就为同学们从以下几个方面具体分析一下：

第一，熟练掌握课本目录，有利于整理知识，使知识系统化、条理化。

课本的目录集中体现了编写组专家的意图，把学生们需要掌握的知识点、重点等内容都集中体现在目录里。当同学们拿到一本崭新的课本，把目录大概浏览一下，然后根据目录再去找课本中的相关内容，参照目录和具体内容来学习，就可以让学习变得更明朗。

同时，在平时同学们所掌握的都是一些比较零散的知识，要想让这些知识系统又快速地"存储"到大脑中，就必须先在大脑中构建一个知识框架，而目录就是最好的框架。

如何做呢？翻开并观察目录，寻找其中的特点。比如，了解哪些单元的篇目一样多，哪些单元的课文体裁相同，哪些单元后有读写例话等等，然后再读目录、背目录。这样做，就会在头脑中形成一个整体的知识框架。

通过背目录，分析目录的安排，同学们就可以发现编者对知识点的侧重安排，也更容易把知识点串联起来。

第二，熟练掌握课本目录，能够促使同学们在复习活动中充分发挥主观能动性，增加自主意识，培养自学能力。以考前复习为例，考前的复习时间总是很有限的，如何在这有限的时间里把重要知识都复习一遍，考验了同学们的学习效率和学习质量。背目录则是提高复习效率的一个十分重要的方法。

复习时看着课本目录，把相关章节的知识点进行默写，然后归纳、总结，甚至延展。能够熟练默写并且进行回忆的章节可以少花时间，而对于那些总结起来有点难度甚至回忆不起来的，则需要翻开课本进行详细的复习。这样复习起来才能更快地查漏补缺，复习的效率自然提高不少。

根据上面赵锐的学习经验，我大致归纳总结了一下。具体做法不外乎以下两点：一是忆。就是看目录，看看自己是否能够根据目录，依序记忆各个课题里面的知识内容，是否能回忆起课文的主要内容、重点词语等。在忆的过程中，可以边忆边把知识要点记在纸上，以此加深印象，忆不起时再翻开有关内容看一看；二是写。就是默写目录内容，看看自己是否记住了教材的主要内容，再用书面形式整理知识梗概，辨析容易混淆的知识。

第三，除了巧用目录给课本"瘦身"的学习方法外，同学们还可以将这一学习方法引申到各学科的具体章节。每门学科的章节都包含课题、节题还有框题，一般是以黑体字形式出现。因为课本的目录不会包含上述所有的题目，它只是一个粗略的、框架式的目录，所以同学们可以将上述标题整理下来，编成一个补充目录，再根据它们来高度凝练地概括各章节的知识点，掌握重点内容、重点技能，同时在此基础上，熟练掌握课本的知识点，并相互串联，灵活应用。

第四，初中阶段的学习需要同学们灵活地掌握所有的知识，并且能在考试中活学活用。所以，同学们只是把基本知识点牢牢掌握是不够的，还需要能把两个或者更多的知识点结合起来思考问题。

而知识点之间的排列组合就是对目录的重新编排，对基本知识点的举一反三。这是对所有知识的延展与创造，是对所学知识更深层次的思考。这种方法不仅能激发起同学们更浓厚的学习兴趣，更好的发挥同学们的创造性。所以，同学们要发挥自身的主观能动性，在重新编排目录中，用全新的角度来对所学知识做一个重新认识，真正做到对知识的融会贯通，学习就更加轻松。

人们常常会说，会读书的人都很看重目录，善读书的人都很善用目录。

目录不可小觑，却很容易被广大同学们忽略。所以，如果同学们要做一个会读书、善读书的人，就要学会重视以及善用目录，能够真正做到熟读目录，并且运用到课前预习和考前复习。只要如此，就可以把零散知识串联起来，实现给厚厚的课本"瘦身"的目的。那么，学习起来就轻松愉快得多了。

# 题海战术也需要排兵布阵

绝大多数中学生，提到参考资料，都会从心底产生一个想法：复习时，刷题真是一件苦差事。在学习过程中，每当面对一本本教材、一沓沓复习资料和一摞摞参考书目时，同学们都会有种身陷题海的感觉，很容易出现无法兼顾、力不从心、无从下手的感觉。可是，为了提高成绩，又不得不埋头苦做，拼命地刷题、刷题。

那么，如何能让自己避免陷入"题海"，又能够有效接触更多题型、提高学习效率呢？其实很简单，只要同学们在应对题海战术的时候学会排兵布阵就可以了。

李琳是一位初中二年级的女生，学习不算很刻苦，不过成绩很不错。在复习巩固知识方面，李琳通常是手边放着两三门学科的复习资料，然后轮流做题轮流复习。对此，和她同班的一些同学不理解，就说她注意力不集中，学习总是三心二意。也有的同学说如果她专心一些的话，成绩肯定会更好。

对此李琳一笑置之，不顾别人说什么，一如既往地按照自己的方法学习。第一学期期中考试，李琳获得了全班第一名。这一下，所有同学都震惊了，纷纷询问李琳有什么学习秘诀。李琳说："秘诀就在你们认为的'三心二意'中！"

原来，李琳的复习从来不局限于一门功课，总是适时地变化。当学习一门功课累了就转向另一门功课。虽然需要复习的学科很多，复习资料也数不胜数，但运用这种轮流复习的方式，李琳总是能保持着最佳的状态。

李琳继续向同学介绍她的经验，最初她也是一门功课复习到底，但很快会感到疲劳。有一次，她复习数学到了昏昏欲睡的境地。为了不浪费时间，她就试着换另一门功课复习，没想到学习兴趣被马上调动起来了。从此之后，她有意研究了一下固定学科复习和轮流复习的区别，发现在同一时间内轮流复习的效率明显高于固定学科复习。这样一来，这种学习方式就成了李琳始终坚持的方法，她也从这种复习方法中受益匪浅。

"轮流复习"是指我们在复习各学科知识点的过程中，不要抱着一门功课死学到底，要学会文理搭配。当复习一段时间的语文后，就换成复习数学，再累了可以复习英语……避免因为一门功课复习时间过长而造成的学习效率降低。

在我们身边不乏认真学习却成绩不佳的学生，在一定程度上这与他们学习方法固定化、思维方式模式化有关。这些同学在复习时往往是利用很长时间复习一个科目，最后出现了注意力分散、厌倦、疲劳、"脑子转不动"的消极结果。

在这种情况下，当同学们同时面临几门课程需要复习时，使用轮流复习的方式应该是一个可取的，能提高学习效率的好方法。不过，同学们要学会根据自身情况安排轮流复习，也不能单纯为了追求复习效果就不顾自身实际情况，盲目、机械地频繁更换复习科目。

因为每个人都有不同的心理素质和身体状况，有些人能够沉着、冷静地应对参考资料里的题海战术，遇到困难也能克服；有的人缺乏信心，情绪变化快，一旦复习受阻就感到无法继续。同时，有些人身体素质好，持续学习很长一段时间也不觉得疲劳；有些人则体质差，复习一会儿便觉得昏昏欲睡，必须停下来休息。

所以，在学习过程中，同学们都要根据自身的心理素质和身体状况去排兵布阵，确定是否转换、何时转换。只要感到复习效率下降时，就可以转向其他学科的复习，没有必要硬撑下去。

而针对题海战术来说，轮流复习虽然可以消除疲劳，但不能代替休息。很多学生明明已经复习得很累，效率已经降低，但却不肯休息，认为一旦休息了，复习任务就无法完成。其实，这是错误的做法，因为这会让同学们压力太大、情绪波动、过度紧张，若是又不善于自我调节的话，还可能有更糟糕的情况，加剧心理负担。

此外同学们还要明白一点：针对不同学科我们提倡轮流复习，对同一学科我们也提倡采用不同的复习方法轮流复习。比如学习语文和英语，同学们可以背诵、默写、做题等不同学习方式轮流变换进行；复习理科，可以读教材、记公式、做习题轮流变换进行。

　　同学们要学会放松心情，在面对题海时学会排兵布阵，合理安排各学科的复习计划，学会轮流复习，保证抓住重点、攻克难点，提升整体复习效率。

# 找到自己专属的教辅书

我发现有不少同学在做课后练习时，往往钟情于各种"题海战术"，一味地追求做题的数量，能做多少就做多少，希望借助题量的训练积累实现成绩的飞跃。然而，这样无原则的"题海战术"往往获益甚少，害人不浅，不仅浪费时间、耗费精力，甚至容易扰乱学习进程，严重地打击同学们的自信心。

究其原因，主要是同学们一旦钻进了题海，就很难跳出题海了。即便做了很多参考资料习题的练习，只是照着书本灌输和机械地强化知识，并不能教会同学们基本的学习方法。"题海战术"的结果并不一定能如同学们所想，甚至因为做得过多、过滥，还可能让你陷入混乱之中。

不妨来看看下面这位"学习高手"是怎么做题的吧！

14岁的小西刚刚进入初中，期末考试中取得全校的第一名好成绩。谈及自己的学习诀窍，小西自述道："在平时学习中，我总是见一些同学做了一道又一道的课后练习题。说实话，我做的练习题并不多，也没看过多少课外辅导书。但我做的题都是经过精选过的，目标就是尽量能把这些弄好弄透。若是做到这一点，就已经很好了。"

从小西身上，我们可以看到，做课后练习时，一定要跳出"题海战术"，讲究典型性、针对性的做题策略。同时，只有找到自己专属的辅导资料，才能起到查漏补缺、举一反三的作用，从而避免在学习中走过多的弯路。

那么，同学们应该如何对待课后习题，才能找到适合自己的教辅资料呢？

第一，不要为了做题而做题。如果做一道题目只是做一道题目，就题论题，那么，同学们遇到新的练习题目，稍有不同的地方就没有办法了。这样的做题方式谈不上什么收获，也无助于同学们摆脱"题海战术"。因此，在用例题和习题进行训练时，我希望同学们能够把握一些知识点的考查方式。

比如，同学们可以经常改变一下典型试题的题型，进行填空题、判断题、选择题、简答题、证明题等之间的交换使用；改变题目的结构，将题目的条件和结论互换，或者改变题目的条件，把结论进一步推广与延伸等等。这样一来，虽然题目变了，但解答题目的本质方法并没变，不仅可以提高做课后习题的兴趣，而且还有助于增强学习信心。

第二，在做课后习题时，一定要将精力放在自己的薄弱点。做题的主要目的是训练做题能力，掌握知识内容。同学们的学习时间有限，做题的主要任务是补缺、补差，所以，一定要将精力放在薄弱的地方，通过做题来弥补自己的不足，提升解题能力，巩固所学知识。

第三，根据自身情况选择习题，有针对性地做题。一般来说，对于学习基础较差的同学来说，主要是练习基础题，要把握好保底分；对于基础较好的同学来说，主要是做一些提高题、综合题。同时，不管哪种水平的学生，都要有针对性地练习过去经常做错的、问题比较严重的典型题目。只有这样，才能总结经验，巩固深化，避免再犯，使做题练习达到最佳效果。

在多年的教学生涯中，我发现有不少同学购买各种各样的参考资料，就像买蔬菜一样，一抱一大捆。在他们看来，各种参考书及各种课外复习资料归纳得很详细，多读一读多做一做，可以深刻地理解课堂即将学习的内容。

事实上，将一些经典的教辅读物作为学习的补充，这是没有问题的。但是，把大量的精力和时间投入一大堆的教辅书中，不但会增加学习负担，还会造成重复做题、舍本逐末，出力不讨好。

对于"题海战术"，我始终认为：课后做题可以追求数量，但出发点一定是以质量为主导，而且一定要与课本结合使用，找到最适合自己的教辅书。在课后做题的过程中，同学们要时刻关注学习方法，寻找适合自己的学习方法。

同时，同学们需要牢记：并不是所有的教辅书都适合自己，你必须将它与自己的具体学习情况结合起来，如此才能充分发挥其作用。课本是学习的基础，其重要性毋庸置疑，而教辅书作为课本的补充，必须与课本对照、结合起来。

还有重要的一点就是：既然选择了一本教辅资料，就一定要认真研读，把每一道典型习题都弄懂、弄透。很多有参考意义的教辅资料，仅做一遍是不能完全吃透其中的内容的，同学们必须做上两遍、三遍，甚至四遍。

在做题和思考的过程中，随着同学们知识水平和理解能力的提升，每做一遍习题都会有所收获，每一回的收获又都不尽相同。同学们可以保质保量地做完第一遍，然后再经过第二遍、第三遍的细致回顾，就可以将参考书中出现过的题型、总结的规律熟记于心，做到一看到类似的题目就能马上找到思路甚至得出答案。

总之，同学们做题不能太注重数量，而忽略了质量。对教辅书进行筛选，先删掉那些没必要做的，再选择适合自己的、典型的，就可以提高学习效率了。

# 作文书，最好的题材仓库

针对语文的学习来说，同学们看得最多的就是作文书了。语文成绩很大一部分取决于作文分数。

作文是语文成绩的重要组成部分，在老师们口中作文一向有"语文教学的半壁江山"之说。同时，写作水平的高低直接关系到同学们的语文表达能力和理解能力，对今后走上社会有着非常重要的作用。

为了能够激发学习语文的兴趣，并且提高作文水平，很多同学都会阅读和研究作文书。但是，同学们需要知道，阅读作文书也不是盲目的，一定要有计划地进行，并且持之以恒。

如何阅读和利用作文书呢？我们不妨来看一看下面这个同学：

赵健的语文成绩一直都是名列前茅的，有一次，老师让他到讲台上跟同学们分享学习经验。这对于赵健来说有些困难，因为他觉得自己没有什么经验。于是，他就将最近读的一本作文书跟大家分享，在分享的过程中还把一些自认为很好的词句挑出来，并且跟同学们一起探讨。虽然这在他看来不是什么经验之谈，但是在老师看来，这正是赵健语文成绩好的原因所在。

赵健分享完后，老师随后走上台，总结了赵健的发言。老师对同学们说："学习就是一种自觉的行为，并不是强迫去学去看，而是主动性地去阅读。可能大家并不知道为什么赵健成绩优异，其实，正是因为在不自觉中他已经形成了每天坚持阅读的良好习惯。在长期阅读的过程中，他已经积累了很多词汇和题材，因此，学习对于他来说已经不是一种包袱，而是一种习惯，并且已经融入了他的生活。"

经过老师的总结后，赵健想了想，觉得老师说得很对。他发现自己确实喜欢读一些文学作品和作文书，每天都会坚持阅读半个小时或一个小时。如果哪一天他不阅读，就会觉得很无聊，脑袋空空的。

在阅读作文书的过程中，他不仅学到了很多写作技巧、好词好句，也积累了不少经验，拓展了自己的眼界。而正因为如此，他的语文成绩和作文水平都非常不错。

对于语文学习而言，无非就是字、词、句和语法，而这些东西都是需要平时积累才能更丰富、更精准的。就拿一本书来说，如果同学们每天坚持花半个小时到一个小时的时间阅读一段，不到一个月的时间，就能将一本书阅读完，长期坚持下去，课外阅读量就是无法计算的了。

而对于作文来说，其实就是平时的阅读量的外在体现。很多同学买了不少模范作文一类的书籍，读的时候却不认真、囫囵吞枣，没有好好吸收其中的知识，导致这些作文书并没有起到好的作用。

那么同学们在阅读过程中，应该如何吸收那些好的作品中的营养呢？我建议同学们用便条贴的方法帮助记忆。如果同学们能用一个便条贴，随时记录看到的一些成语、标题、对联、歇后语等，效果就会大为不同。如果同学们能够培养一双善于发现作文题材的眼睛，并且及时用便条贴记录有用的文字，久而久之，脑海中的文字自然就会多起来。

具体来说，同学们在阅读作文书的时候，可以采用下面几种方法：

第一，先摘抄后思考。很多时候，老师要求同学们摘抄经典的词句，他们也会按照老师的要求来做，但是，摘抄完成之后呢？优美的名家名段读起来是很优美，如何融会贯通成自己的东西并存入大脑、灵活运用呢？

这需要摘抄后进行思考，就是将摘抄的词句用自己的话语进行解释，或者尝试运用类似的词汇造句写一个相关主题的短文；经常翻阅，有空的时候就读一读；也可以在写作或考试时用作为参考，这样不仅能养成积累知识的习惯，还能让知识变成自己的养分。

第二，横向对比记忆。中学阶段同学们往往需要掌握的成语较多，在记忆的时候，可以将相同意思的成语，或是相反意思的成语写到便贴条上，时不时拿出来对比参考，帮助自己记忆和提升词汇量。

通过这种对比积累的方式，不仅能够帮助同学们记忆更多的词汇，还能起到举一反三的作用，作文中运用的时候更加灵活。当然，如果有时间同学们还可以与其他同学一起分享词汇积累，或者通过成语接龙的方式来掌握更多的词汇量。让成语学习变成一种乐趣、游戏的同时激发学习兴趣。

第三，寻找规律，积累经验。想写好作文，单凭单个的积累是不够的，还需要系统的归纳，寻找规律。比如，同学们在积累陌生词汇和语句的时候，可以将它们进行分类，是属于名人名言，还是文学常识，或者是典故，这样就能让同学们的发散思维更强，进而通过联想的方式来增强记忆。

　　总而言之，作文参考书对于语文的学习有着至关重要的作用，是培养同学们沟通能力和表达能力的工具。同学们要培养阅读的好习惯，同时还要掌握适合自己的阅读技巧。

# 学会给参考书 "做减法"

同学们为了提高学习成绩，常常会购买一些参考书。而现在市场上的参考书种类繁多、五花八门的参考书，于是，不少问题也随之而来。

我曾经带过的一个初中二年级的学生，她曾经苦恼地说："开学时，我向父母要了买辅导资料的钱，跟同学一起到书店里买参考书。可书店里的参考书琳琅满目，让我们无所适从。我们不知道选择哪一本好，一会儿觉得这本好，一会儿觉得那本也好。最后，我们晕头转向地从书店里抱了十几本参考书回家，因为不知道怎么选择，只能'眉毛胡子一起抓'都买回家了。"

另外一位女生也很苦恼，她发现自己得了"买书强迫症"。这个女生本来成绩不错，但是在买参考书这件事上仿佛中了魔咒，只要周围同学买一种新参考书，她就会坐立不安，觉得别人有了自己没有的话，肯定会落后于人，于是便急着购买。

半个学期下来，这个女生买了几十种参考书，但是真正看了的只有很少一部分，有的连包装都没有打开。想也知道，繁忙的学习让每个同学都时间紧迫，她哪有那么多时间看每一本参考书呢？最后，这个女生一天到晚都处于神经绷紧的状态，学习成绩也迅速下滑。

其实，和这两位同学一样陷入参考书困境的同学比比皆是。现在市场上的参考书种类繁多、质量参差不齐，如果同学们不加选择地乱买，那么很容易产生反效果。

所以，同学们要学会正确购买和使用参考书，认真对参考书进行甄别、选择、删减，这样既可以让自己在有限的时间内熟悉更多解题方式和出题思路，掌握容易犯错的易错点，又能节省时间，最大限度地提高我们的学习效率。

我还是那句老话：课本才是重中之重，掌握好课本知识点，考试成绩就已经在及格线以上了。而参考书是对课本的知识点补充，同学们选用参考书主要是为了在原有分数的基础上提高成绩。

因此，面对着层出不穷、五花八门的参考书，同学们在购买时一定要本着"少而精"的原则。那么，同学们在选购参考书的过程中如何去"做减法"呢？

第一，同学们要记住，参考书不必求多，只在求精，重质不重量。有的同学会有这样的想法：课本基础知识薄弱，选择参考书时候应该多多益善，多买几本，这样才能查漏补缺。

其实不然，选购参考书，数量并不能决定最终的学习效果。有时候，一本高质量的参考书能抵得过三四本劣质的。按照我的建议，同学们每门学科精选一两本参考书就已经足够了。像数学这种科目可以适当多选一本，比如习题集、专项题目集等。这些都是学习数学不可缺少的锻炼工具。

第二，要遵守与课本结合使用的原则。对参考书"做减法"的目的是让同学们真正吃透参考书，善用参考书，使它真正发挥作用。

所以，对参考书"做减法"要建立在选择适合自己的参考书的基础上。如果参考书本身不符合自身的学习特点和能力水平，习题不是太深、就是太浅，那么即便再经典也没有效果。

第三，选择参考书还要根据同学们的复习进度进行选择。最初，选择参考书要关注基础知识的汇总与梳理，然后关注知识的强化和综合应用，最后关注如何提高解题速度和正确率。

我还要强调的一点是：同学们选择参考书还要根据学校的复习计划来选择。学校下发的练习题较多，就没有必要再选择其他参考书。学校下发材料很少，不能满足你学习的需要，就可以选择一些对自己有帮助的参考书。

说了这么多，我其实是想告诉同学们：参考书顾名思义就是辅助学习、梳理知识、提高能力的书籍。如果同学们盲目买了大量参考书，却根本不适合自身的实际学习情况，那么，这些参考书不但起不到辅助的作用，反而会成为自己学习的负担。所以说，学会给参考书"做减法"，是每一位同学都要明白的道理。

治愈数学恐惧症，数学会用功，高分很轻松

数学是一门枯燥、深奥、抽象的学科，这是一个不争的事实。除了某些特别聪明、特别有天赋的学生，一般同学在数学的学习上都不是那么轻松的。这不仅导致他们数学成绩平平，而且也影响其他学科的学习积极性和学习效率。所以，同学们必须重视数学学习，并且找到适合自身的学习方法。

# 记公式没有捷径，只有方法

同学们应该都知道，随着数学难度大大增加，我们开始接触大量的数学公式，这也是学好数学的基础。如果不能学好公式，就不能灵活运用知识，提高学习成绩。但课本上的公式众多，如何学好公式呢？来看看这个同学的做法。

我曾经教过一个叫蒋贝贝的学生，当时是班里数学成绩最好的，做题速度快、正确率高，甚至很多高难度的数学拓展题都能轻松应对。蒋贝贝有个习惯，就是身上随时携带一个小册子，有空时就会拿出来看一看、读一读、记一记。同学们感到好奇，借过来一看才发现，满满一小册子记录的都是各种各样的数学公式。

后来在跟同学们分享学习经验时，蒋贝贝说："刚上初中的时候，我就开始整理这些公式，现在已经整理出了四个小册子。这些公式分学科、分内容、分层次进行记录，哪些属于简单公式，哪些属于复杂公式，每个公式都适用哪些范围，是如何推导出来的，我都已经做到心中有数。"

同学们对蒋贝贝是又佩服又崇拜，纷纷借走小册子，有抄写的有背诵的。这时候，蒋贝贝提醒同学们，虽然背下来对学习有一定帮助，但真正能够帮到自己的，只有掌握这种学习方法，学会如何去总结、整理、摘录相关公式。因为在这一过程中，必然会加深对公式的认识、理解，提高记忆的效率，并为实际应用创造良好条件。

当时，蒋贝贝的这一公式记忆方法帮助很多同学提高了数学成绩。不仅如此，很多同学把这个方法应用于物理化学，成绩都有所提高。

针对数学来说，公式是非常重要的内容，可以为之后的高中学习打下基础。所以，在学习中，同学们要注意基本公式的摘录、记忆，并做到熟练应用。

然而，很多同学知道公式的重要性，却在记忆上觉得无从下手，经常记错、记混。要想解决记忆的问题，先将课本上的公式摘录出来是个好办法。摘录的目的是为了更有条理地去记忆。

将课本上的公式摘录出来，随时翻看，加深记忆，并以此为基础进行实际应用。当同学们反复、多次运用公式解决实际问题时，即使之前没有理解就记下来的公式，其内涵、外延也会逐渐明朗、清晰。这与语文学习上的"书读百遍，其意自见"是同样的道理。

另外，记公式没有捷径，但不代表就没有好的方法。把课本上的公式摘录出来只是学好、用好公式的第一步，同学们还要记住公式、弄懂公式，掌握它的推导方法，再配以一定的技巧和灵活运用的思维模式和方法，如此一来，就能顺利地实现牢记公式并熟练运用的学习目的。那么，记公式都有哪些好的方法呢?

我给同学们提出几点有效的建议，这些都是我从教学经验中总结的。

第一，搞清公式元素。每个公式都有不同的组成元素，什么是公式元素? 就是代表各种变量的特定值和符号，只有搞清这些元素，理解其具体含义，包括内涵、外延各是什么，同学们才能准确掌握公式、学会公式。

同时，每个公式都有各自的成立条件和适用范围。同学们也要搞清条件和范围，明确超出条件、范围后公式就不能成立了。弄清公式的成立条件、适用范围，对于同学们能否正确运用公式解决相关题目至关重要。

此外，公式一般源于实验定律，或是归纳总结的定律，即在已有的实验规律基础上再总结得出来的结论，是已有规律的归纳提高；或是利用已知规律从另一个角度去推导而得出的规律，是已有规律的扩展。搞清公式的来源，对于理解公式与其他公式间的关系，以及理解公式的适用范围、适用条件能提供很大帮助。

第二，因为同学们接触的公式越来越多，所以，在记忆的过程中要学会比较相似公式。在摘录的公式中，很多公式具有相似性。同学们可以将这些相似的公式进行比较，一方面便于记忆公式，另一方面也可以帮助自己理解公式，并较快地进行认识上的迁移。同时，通过对这些公式进行比较，同学们还可以研究发现这些公式相似的原因，发现它们之间存在的内在联系，据此进行知识上的创新。

第三，刨根问底，弄明白公式推导过程。公式的推导过程是一种由已知如何推向未知的过程。其中典型公式的推导过程，更是包含了学科的基本思想，代表着一类问题的处理方法。在摘录公式后，不能简单地死记硬背、机械套用，而是要根据每个公式不同的特点和作用，研究其推导过程。也就是，同学们要了解每个公式的来龙去脉，明白每一步推导步骤，明白如何将公式应用到实际解题中。对公式加以推导，才会让同学们加深对公式的理解，并在不断地、反复做题过程中加以强化，最终达到真正会用公式、把死公式学活，以达到提高成绩的目的。

　　以上这几点，对于同学们记忆各种公式有着非常大的帮助，希望每一位同学都能够仔细体会，加以应用。而且，这些记公式的方法可以推广到数学之外的其他课程中，比如物理和化学。正所谓一通百通，把那些数理化公式牢牢印在脑海里，考试的时候才能够手到擒来。

# 找到数学陷阱最多的"恐怖地带"

数学，可能是很多同学都很头疼的科目，也是很多同学一直难以战胜的拦路虎。有不少同学正是因为数学成绩"扯后腿"，导致整体成绩始终无法进入第一梯队。甚至有的同学数学成绩始终在及格线徘徊，想尽办法也无法提高。

数学学习真的有那么难吗？

其实在我看来，数学并不像每个同学想象的那么难，只要同学们掌握了正确的方法，认清了数学知识点中的"陷阱"分布，就能够成功避开那些容易丢分的"恐怖地带"，从而提高自己的数学成绩。

方飞今年刚上初中一年级，数学成绩一直都上不去。他向我反映说，每次上课都听懂了，但是在课后和考试中做题的时候又不知道如何下手。其实，这个阶段的数学考点并不是很多，但难在多变。

为了让学生更牢固掌握知识点，每次考试的题型设置和考点始终都在不停变化，很多时候，出题老师会在题目中添加让人猝不及防的陷阱。这些"陷阱"说简单也不简单，说难也不难。方飞之所以上课听懂了，却不会做题，是因为还停留在"听懂"这一初级层次上，并未真正掌握知识点。所以，一旦遇到稍有变化的新题型就会不知所措，根本解答不出来。

如果想要避开这些"陷阱"，同学们需要在日常学习的过程中把知识点掌握得更透彻，通过总结规律和特征把头脑中的数学知识进行加工重组，构建出完整的数学知识框架。而这也是数学最高层次的教学目标。

当然，我们不得不承认，做数学练习题是一项非常枯燥的事情，反复做题，反复思考很容易感到疲劳。不过，同学们却可以采取一点小方法，让做数学题不再那么疲劳。比如，在刚开始做题的时候，将这些练习题变成一种生活中能够运用到的计算，那么就能从中找到乐趣。建立了做题的兴趣之后，同学们再不断地挖掘习题中的更多难点，就能够在无形中获得攻破一座座城堡的成就感。这样一来，同学们不仅能够快速掌握知识点，还能让自己心情大好，提高学习数学的主观能动性。

还有很重要的一点，数学学习中同学们要掌握记忆的内容很多，但不是每一个知识点都适合作为核心。同学们需要掌握的核心内容必须具有以下特质：重点、难点、易错知识点；具有衍生能力，且衍生内容也属于要记忆的重点；具备一定高度及容易在考试中被当作"陷阱"来出题的敏感知识点。

只有同学们认真挑选，准确选择核心记忆内容后，才能充分发挥优势，找到数学课程知识点中陷阱最多的"恐怖地带"，并且加以强化和提防，从而提高自己的学习能力。

同时，在学习过程中，大部分同学最担心的是那些容易丢分的陷阱题目。究其原因，不会做题可能是因为觉得试题陌生或太难而无从下手，而做错题很可能是因为思路不对，或是粗心大意。那么，该如何去避免这两种丢分的情况呢？我可以肯定地告诉大家，这种方法就是建立"难题笔记"。

关于难题笔记，其实也是一位同学在学习过程中总结出来的。我们知道，在数学学习中，许多同学常常搞"题海战术"，虽然说有一定效果。但是容易出现一个问题：有些同学做题积极性很高，却不怎么长记性，常常做完就完了，忽略了做题思路的分析、题型的归类和解题方法或技巧的积累。这样一来就陷入一个怪圈：错了就改，改了就会，下次还错，久而久之形成一个恶性循环。这样一来，即便做再多的题，也不会有什么大的收获，碰到难题依然不会解答，完全没有收获。

针对这种情况，我通常会建议同学们准备一本专用记录本，这个本子不同于普通的错题本，而是专门记下难题的，重点记录关键难点例题。除了记录下来，同学们还要在题旁注明难点、解题思路与方法，并列出该题若干种变化形式，举一反三。

除此之外，同学们还可以根据难题的性质分别加以归类。通常来说，数学的易错题都是那些不太容易归入某一类型的、模棱两可的题目。如果每一道难题都能结合之前学过的知识点进行归类，同学们就可以对症下药，找到解决问题的方法，从而避免考试时在那些"陷阱题目"上丢分。

对于数学知识点来说，总结整理出来的难题可以在纵向、横向衍生出很多内容。同学们要增加知识点必然要扩大记忆的范围，但是在扩大范围时必须要有条理，否则就会陷入知识的漩涡，抓不到重点，白白浪费了宝贵的时间。

　　同学们在选择扩大记忆的知识点范围时，一定要突出重要知识点，分散难知识点，采用循序渐进地方式加以组织。一般来说，这些知识点要有代表性，适用范围广；要鲜明，减少特殊因素；要简单而清晰，避免出现例外。

　　对每一个核心从不同的角度、不同的内涵进行思考，并且延伸到不同的知识领域，同学们就可以防止思维的定式，防止每次看到同一核心内容，只能出现同样的记忆体系、知识领域。另一方面，这还对于培养同学们的发散思维能力、提高知识应用水平都起着良好的促进作用。

　　实事求是地说，学习的过程就是从已学内容到未知领域的逐步扩展，就是在旧知识基础上增加新内容，从少到多、从简单到复杂、从陌生到熟悉的过程。而对于数学学习中遇到的那些"陷阱题目"，同学们只要在平时下足功夫，从纵向和横向两方面对碰到的所有难题进行分类并贮存在脑子里，那么下次碰到相同或相似的题目就会做到心中有数，避免考试时在"陷阱题目"上丢分。

# 数学知识是近亲，举一反三并不难

学习不应该是一个被动接受知识的过程，而应该是一个发现问题、分析问题、解决问题的过程。同学们在学习数学的过程中，一定要把这一理念深入地贯彻下去，把数学的学习方法和学习重点深深地根植于内心。这对于初中阶段以及未来的数学学习有着极其重要的意义。

这种"发现问题、分析问题、解决问题"的理念，就是让你在现有的知识认知发展水平和原有的学习基础上，掌握数学知识点的来龙去脉，加深对数学知识的理解，并在此过程中不断强化解决问题的方法。通过这一系列的过程，可以放大数学知识点的掌握力度，从而给同学们留下更深刻的印象，确保知识点掌握更牢固。

多年教学经验，我发现有不少数学成绩好的同学都有一个共同点，就是擅长举一反三。他们能针对数学知识点进行系统化地总结整理，归纳出对应的知识规律和解题模式，从而在应对一些没有练习过的数学题时，仍然能够快速找到解题诀窍和方法。在这些同学看来，数学知识都是"近亲"，有着或明显或隐藏的共同属性和特征，如果能够掌握这些共通点，那么数学学习就会轻松得多。

具体到数学题目的解答上，很多题目往往不止一种解答方法，这就是所谓的一题多解。从定义上来看，一题多解就是指对同一题目从不同的角度出发、运用不同的思维形式，从而采用不同的方法分析探讨获得多种解题途径。同学们可通过对一道题目的多种解法的方式，把更多知识和方法联系起来，做到融会贯通、举一反三。而这种从多角度、全方位思考问题的方式还也可以锻炼同学们思维的广阔性和深刻性，稳步提升思维能力。

我在教学时，通常都会告诉大家要尝试着用多种方法去解答一道题。为什么要这样做呢？这是因为尝试用不同的方法去解答同一道题，可以看作是解题思维的一种锻炼。这个锻炼一方面可以使同学们更灵活地掌握知识，另一方面可以帮助你找到最简单的解题方法。

我曾经教过一位数学成绩非常优秀的同学，时常让他给大家分享自己的数学学习诀窍。这位同学曾经这样说："平时做题的时候，我每做完一道题，总是想去看看是否还有其他解题方法。如果能够找到好几种解题的方法，我就会感到很开心，很有成就感。而且我有好几次都在这个过程中意外找到了比课本上或老师讲的更简单的解题方法。而这种方法对于我的数学成绩的提高是相当有帮助的——如果我使用的方法比其他人的要简单，那么解题速度就比其他人要快，考试时就有更多的时间去对付疑难题和检查。"

而另一位数学成绩特别突出的同学，也有类似的感受，他说："你做二十道题，和你找出二十种方法去解一道题目的效果是大大不同的，后者可以让你学会更多的数学解题思路，对于数学的学习是非常有帮助的。

"要学好理科，关键是培养自己的解题思维，最好在平时能做到一题多解。无论是数学还是物理化学，都是非常灵活的学科，与我们日常生活紧密相关，虽然在做题时离不开公式或定理，但一定要在理解基本公式定理的基础上加以灵活运用，多寻求一道题的多种解法。"

在实际学习中，这两位同学充分实践着一题多解的学习理念，同时，通过做题他们不断总结解题的技巧和方法，保证了学以致用，减少了重复犯错的概率。正因为如此，初中三年，他们的数学成绩始终是名列前茅。

所以，在日常学习中，把数学看成是一门"死"学科，解题时光靠死记硬背、简单套用公式的学习方法显然是不行的。我始终都希望同学们能够有意识地去练习一题多解。因为，这看似形式上"解"的是一题，实质却"解"了很多题。同学们应该通过一题多解的训练掌握更多的知识，尽可能让一道题目变得更丰满、知识容量更大，如此一来，收获就会变得更多，并能及时发现问题，弥补不足。

与此同时，对于一道题，如果同学们仅仅停留在寻找题目的答案上，即为解题而解题，那么思维能力就很难得到深层次的训练和提高。举一反三的寻求多种解题方法，是通过不同的思维途径，采用多种解题方法解决同一问题的学习方法。它可以启迪同学们的发散性思维、拓宽思路、提高应变能力，使思维灵敏迅速、畅通无阻地复习多个知识点，促进知识的迁移，进而培养更强大的综合能力。

有些学生说，一题多解只适用于提高我们的理科解题能力。其实，一题多解对于提高理科解题能力有着显著的作用，但它的最终目的是培养学生的思维能力，即遇到问题能从多方面思考，避免思维的单一性，摆脱思维的刻板和僵化。这种思维能力可以广泛适用于其他学科，让同学们能够学会从多方面去思考和解决问题。

关于举一反三学习法的优点和重要性，具体来说我总结出了以下几点：

第一，它可以扩展同学们的学习思路。举一反三学习方法的根本目的在于锻炼同学们的思维，培养和提高同学们创造性学习的能力。

进行一题多解的时候，不是单纯地解题，不是追求会用几种一般的方法来分析解答题目，而是要根据题意运用所学习和掌握的知识去创造性地思维，不因循守旧，用心地去探求各种解题方法。实践证明，同学们掌握的解法越多，表明你们的思维越灵活，思路越开阔，越有利于促进思维的发展，提高创造能力。

第二，它可以帮助同学们掌握基本解题技巧。在学习中，同学们会发现很多难题，其解题方法也不过是最基本、最简单的解题技巧的变化和组合。所以，同学们必须熟练掌握最基本、最简单的解题技巧，并通过深入思考掌握其变化和组合，这样就能从容应对大多数题目。

进一步说，最基本、最简单的解题技巧往往建立在学生对有关知识和技能的熟练掌握上，没有熟练掌握就谈不上灵活运用，谈不上纵向、横向联系，也就不可能掌握基本解题技巧，更无法进行一题多解。所以，一题多解往往应该在综合复习后，对某一部分知识或某几部分知识熟练掌握之后再进行。同学们对基础知识掌握得越深刻、越透彻，对基本技能掌握得越娴熟、越灵活，就越能进行一题多解，越能收到良好的学习效果。

第三，同学们可以在这样的解题过程中通过比较解题方法确定"最佳方案"。同学们做每一道题时都要认真想一想，这道题涉及了哪些概念和原理，解题的基本思路和方法是什么，这道题考查的意图是什么，除了这种解法以外还有没有别的解法，这些解法中哪一种是最简捷、最恰当的。

对于同一道题，发现多种解题方法之后，同学们要善于分析比较，甚至可以相互讨论，从多种解法中优选出"最佳方案"，确定最简便的解题方法。其实，这是一个继续思维的过程，也是一个对学科多种解法再认识的过程，是一题多解训练中不可忽视的环节。同学们得到题目的多种解法后，必须要分析这些解法是否正确，哪些是一般解法，哪些是创新解法，哪种解法最为便捷等等。只有通过对多种解题方法的比较分析，进行热烈的讨论甚至争论，才能真正提高解题的能力和效率。

总而言之，在数学的学习过程中学会运用举一反三的方法，可以激发同学们发现和创造的强烈欲望，加深对所学知识的深刻理解。如果同学们能够在日常的学习中刻意地去加强这方面的训练，久而久之，可以锻炼思维的广阔性、深刻性、灵活性和独创性，发展创造性思维。

# 例题，每节课的"课代表"

在数学学习的过程中，想必大部分同学都觉得一定要采取"题海战术"，见得多了做得多了，考试时就会游刃有余。在这种学习思想的指导下，有许多同学忽视了课本，忽视了例题，除了预习和上课听讲外，几乎都忘了它的存在。正是因为忽略课本上的例题，所以这些同学的成绩并不理想。

张珊是一个喜欢文史学科的女生，理科成绩很不理想，初中二年级期中考试数学成绩一路下滑到及格线。她下决心改变偏科的现状，在数学这门课上狠下功夫——上课认真听讲，课后努力背公式、定律、概念等基础知识，也采用题海战术来做数学习题。可努力了一段时间，成绩并没有预想的提高那么多，反而搞得自己很疲累，失去学数学的积极性。

后来，在老师和同学的帮助下，张珊尝试着改变了学数学的方法。她开始把精力集中在课本中的例题，认真阅读课本，对每道题的证明过程和推导过程都仔细研读，把课本中的例题都认认真真地钻研。她还细心研究解题思路，总结解题方法，分析不同于课本中的其他多种解答方法，甚至尝试用不同的方法来解答例题。

一开始张珊对于"重例题轻资料"的方法有些怀疑，总觉得只抓例题可能导致知识点掌握不全面。但是经过两个月坚持不懈的努力之后，她的数学成绩有了特别明显的进步，在期末考试中，数学成绩上升到班里第五名。数学不再是她的弱点，反而为她的总成绩提分不少。而且，张珊学习数学的积极性也大大提高，再也不用背着"偏科"的沉重标签了。

张珊的经历值得我们每一位同学思考。同学们应该明白，课本上的例题看起来不难，但具有典型性，可以帮助同学们更加清晰透彻地理解课本中出现的定理、公式、概念等基础知识点。

例题极具代表性。课本中出现的例题，都不是平白无故随便找了一道题放到那里的，而是经过编写组反复论证、精心设计的最具代表性的经典题目。可以说，例题是基础知识的直观诠释。它的解题思路、解题过程可以引导同学们更好地理解所学的定理、公式、概念等有点枯燥的内容。另外，例题并非一成不变，它还能经过变形，甚至变形后能出现在各地的重要考试题中。所以，同学们不光要把例题的解题思路和过程研究透彻，还要把变形题也要研究一番。

同时，课本中的例题具有鲜明的导向性，对其认真学习和思考，不仅有助于同学们加深对课本中概念、定理、公式等基础知识的理解和掌握，有助于接受新知识，而且还能推动同学们培养思维方式、发展解决问题的能力及提高学习效率。

可惜的是，我发现很多同学并没有认真阅读、仔细理解课本中的例题，只是死记硬背、生搬硬套例题的解答方式。还有些同学觉得例题简单，不愿意多费时间研究。这样做的后果往往是看到题目觉得眼熟，真正解答时却一头雾水、无从下手。

所以，学习和研究课本中的例题时，同学们不能仅仅局限在弄懂每一道例题上，而是要将一道题的解题方法加以总结分析。因为例题的解题方法和结论本身都具有迁移性，能够广泛应用在相关题目中，在同学们将知识转化为能力的过程中具有启发意义和示范作用。

那么具体来说同学们应该如何去做呢？

第一，要学会挖掘例题的深层价值。每门学科的知识点众多，表现形式也各不相同，但它们之间却都存在着特定的、内在的联系。只是这种联系并不都是显而易见的，往往蕴含在承载着具体化课程目标、具体化课程内容的课本例题中。

在学习过程中，同学们要高度重视课本上的典型例题，从纵向、横向对典型例题涉及的基本问题进行挖掘、引申。挖掘例题要从已知到结论涉及哪些知识点，这些知识点中哪些是重点，哪些是难点。引申例题要考虑使用的学科方法、学科思想，然后考虑哪一步是解题的关键，哪一步是容易犯错的环节。

可以说，课本上典型例题的挖掘、引申实质是通过一道例题去最大限度地覆盖知识点、串联知识点，使同学们从局部到整体的获取更多知识，从而构建整体的数学知识结构。

第二，初中阶段的数学知识是由浅入深的重要过渡，对于将来高中的数学学习有着至关重要的作用，因此，学习、研究课本例题时，同学们要充分发挥自己的主观能动性，积极探索总结，认真思考分析，多问几个为什么，进而激发自身的钻研精神。比如在例题解答完毕后，要认真反思解题的过程，总结解题过程中的经验教训，对一些常用的学科方法、思维方式、解题策略予以归纳概括，为今后的灵活运用奠定良好的基础。

另外，同学们在充分了解自身学习情况的前提下，可以拓展改变课本中例题的某些条件和结论，使它成为一个新例题。可以拓展例题的背景，让它更贴近生活，更便于记忆；也可以改编题目，让它更有利于自己的思考和应用。

我就遇到过这样一位同学，他以改编例题为学习乐趣，一道题被他改变条件之后变成了好几道题。这个拓展的过程，有效地提高了他的学习兴趣，培养了他的创造能力。同时，如果拓展改编得当，证明自己能够把学到的知识触类旁通、举一反三，这也将成为他继续学习、努力探索的有力推进器。

说到底，看上去简单的例题，却是通过反复论证、精心设计的经典题目。其经典在于如何应用学科知识，怎样进行学科思维，如何规范表达解题过程。因此，说例题是每节课的"课代表"一点也不过分。同时，也正是因为如此，近年来，课本中的例题经过变形频繁出现在各地中考的试卷上。

在此，我建议同学们要不断加强各类型例题的学习，充分分析题意，寻求解题思路，体会分析解决问题的技巧。重视课本典型例题的学习和思路拓展功能，提高自己在数学学习上解决问题的准确性、灵活性和敏捷性。

# 错题本，最奢侈的私人数据库

"我怎么就不长记性呢？明明几天前刚刚做错的题，今天拿出试卷一看，居然又做错了。我该怎么办？"一道题，反复出错，这是令很多同学都大伤脑筋的一件事情。

作为有多年教学经验的老师，我想说的是，这些容易出错的题，虽然表面上看起来很令人头疼，但它也有自己的价值所在。出错，说明这一知识点你没有掌握。只要你能够对错题加以统计和整理，建立起属于自己的错题数据库，然后针对错题进行思考、研究，便可以有一定的进步。

今年参加中考的王迪，数学考了满分，成为全市的中考状元。说起自己的学习秘诀，王迪搬出厚厚的一摞本子，说："我只是一直坚持建立错题集，把自己的错题都总结在上面。尤其是七年级、八年级的错题集，我更是倍加珍惜。通过错题集的使用，我可以更准确地认识到容易出错的知识点及概念，从而迅速地提高了学习成绩。"

　　可见，建立错题集，不只是为了改正错题，而是将这些容易错的知识点积累起来，作为前车之鉴，避免再犯类似的错误。可以说，错题集就像是一件珍贵的百宝箱，用这些本子去复习，不仅不会感到疲劳和厌烦，相反还可以提高对易错点的巩固和强化记忆。这是任何资料都无法比拟的，省时省力，效率自然就提了上去。无疑，这给同学们提供了一条学习的捷径。

　　然而，还是有很多同学会质疑错题集的作用，认为做错的习题抄一遍就能起到如此大的作用吗？他们这样想，是因为他们对错题集存在认识偏差。错题集可不单单是把做错的习题抄一遍那么简单。从本质上来说，错题集就是易错题的汇总，把所犯错误直观化，以便日后查漏补缺。

　　那么同学们如何整理和利用错题集呢？具体来说可以分为以下几个方面：

　　第一，对于数学上的错题，同学们要学会按错误类型整理错题集。做错的习题原因大致可以分为几类，即粗心大意型、运算错误型、基础知识点欠缺型、理解错误型、知识点混淆型等。

　　粗心大意型和运算错误型都属于犯得比较低级的错误，在日后复习中只需一带而过；基础知识点欠缺则需要认真地把相关的公式或者定理掌握记牢；理解错误型和知识点混淆型则是错题集中的高级别错题，也是不太容易改正的错题，是需要极其认真对待，需要不断翻阅不断强化，对这类习题做到融会贯通、举一反三才能牢牢掌握。

　　此外，同学们还要按照所犯错误的难易程度整理错题集。对于粗心大意所犯错误适当少花些时间，对于理解错误和混淆的习题则需要多花些时间，把相关内容彻底掌握才是最重要的。

　　第二，对于做错的习题，同学们一定要做到及时处理及时总结，及时把错题整理到错题集里，不要对错误采取回避、拖延的态度。做对的习题容易让人产生成就感，而做错的习题容易让人产生挫败感。人在潜意识里对于错误往往会不自觉地产生回避拖延的意识，可回避拖延时间越久，习题集就越失去了它的价值。同学们只有积极面对自己所犯的错误，剖析自己的短板所在，认真对待、勇于改正，才会在以后避免类似的错误，进而促进成绩有真正的提高。

　　第三，在完善错题集的过程中，我希望每一位同学都不要怕麻烦，要把做错的原题在错题集上原原本本地抄一遍或剪贴在错题集上，否则，下次看的时候不能够理解题意，就失去了纠错的意义。哪怕只写错了一个字，同学们也应将整个句子抄下来。

　　同时，要把原来错误的解法清晰地摘抄在错题集上，最好在下面留有一块空白，这样方便下次重新做题。分析出现错误的原因，明确是答题失误，还是思维方法错误、知识点遗漏、运算马虎，可以根据错误的不同方面画上不同的记号，分门别类，以便之后的归类复习。这也是建立错题集最为关键的环节。

　　第四，同学们把每一道题目的错误原因弄清楚后，要记下错误的类型和原因，还要一步一步正确规范地把原题做一遍，以便加深印象和逐步形成解题能力。如果此题有多种解题思路，可以在旁边用另一种颜色的笔把几种解法的简要思路都写上，这样不仅可以加深对错题的印象，而且还能帮助同学们从错误中归纳和总结规律，思考改进方法。

　　比如，在进行知识归纳总结时，同学们要善于把各样的习题大致进行归纳，并总结出每一类型的习题大致可用哪些方法去解，哪些习题可"一题多解"，哪些例题可"多题一解"，哪些习题可"一题多想"，不同习题的易错点是什么，原因是什么。

错题集上也可以记载一些考查知识全面、有概括性、有某方面特点或解法灵活多样的典型习题，把它们分成知识型错误、思维方法型错误、运算错误等几部分。

我建议同学们结合自身发展特点，按照学科特点、考试技巧、学习习惯、学习方法、学习心态等分类题目。通过归纳，总结解题经验与教训，提炼出解题思路与方法，寻找出解题规律。这样一来，就可以帮助自己把原本庞杂的内容梳理成清晰的知识网络，再将重点、要点扩展开来，再现相关的全部知识，做到"纲举目张"，触类旁通。

第五，还有很重要的一点是，写完错题集以后千万不能束之高阁，要时常拿出来归类、分析、复习，最好随时携带。错题集不是"集中营"，不是"冷宫"，不是把做错的习题整理完就可以放之脑后了。

同学们只有不断地翻阅、浏览错题集，尤其在空闲时间和考前复习时，把以往犯的错误重新审视一下，或是把容易出错的题目再重新做一遍，才能把错题集的作用真正发挥出来，让成绩有所提高。

错题集上的错题一定要定期筛选并彻底消化。这个过程是再学习、再认识、再总结和再提高的过程，可以促使自己对知识的理解更深刻、掌握更牢固、运用更灵活。否则，时间一长，同学们就会把错误忘掉，让疑点、易错点继续困扰自己。

总而言之，我希望每一位同学都能够认真发现并利用自己的不足之处，用错题集定期查漏补缺。虽然整理错题集比较费时费力，但绝不是无用功。认真规范地建立起自己的错题集，用心改正和研究透彻每一道错题，日后经常地翻阅，并持之以恒，那么你的学习必将有大大提升。

# 你对语文有误解！语文应巧学，考试根本不纠结

语文的学习在初中阶段通常会呈现出两个极端，有的同学学习起来得心应手，认为学习语文是一件轻松愉快的事情；有些同学却觉得学习语文枯燥而乏味，而且知识点琐碎，不知道该如何入手去学习。这是因为后者没有找到方法和技巧，陷入了死胡同。

# 感受魅力才能产生兴趣

在我多年的教学生涯中，遇到过很多不喜欢语文的学生，其中男孩子比较多。他们对于学习语文缺乏兴趣，常常抱怨语文枯燥、死板、缺乏系统性，远不如数学有意思，即便想学都不知道从何处入手。的确，语文知识点庞杂、零碎，而且更加依赖于平时的积累。那么，同学们如何在心理上战胜对语文的厌倦情绪，培养起对于语文学习的兴趣，并且用学习兴趣来带动学习效率呢？

正所谓"冰冻三尺非一日之寒"，没有一天两天就能快速提高语文成绩的方法。要想学好语文，同学们不如多看一些优秀的文学作品。只要你肯钻进书的海洋游历一番，感受到语言文学的魅力，就肯定能激发对学习语文的兴趣，并且在潜移默化中提高阅读能力和语言的综合能力。一旦这两项能力得到了提升，语文学习的效率自然也就有了质的飞跃。

张波是初中三年级辩论队的队长，不仅语文成绩优秀，而且常常出口成章。很多人都很羡慕张波，但很少有人知道，以前张波的语文成绩非常不好，平时说话没头没脑的。因为理解能力差，就连做数学题的审题都成了问题，很多时候其他同学都开始解题了，他还没看完题目要求。当时，张波为这件事伤透了脑筋。

后来，张波开始尝试着看文学作品，并努力一周看完一本书。不知不觉间，他竟然迷上了看书，休息时间哪都不去了，就在家里闷头看书。渐渐地，张波说话再不像从前那样词穷了，做题速度有了明显的提高，吃饭的时候还常常和父母讨论国内外的时事，并且常常语出惊人。

古语有云："腹有诗书气自华。"博大精深的国学文化中蕴藏着生动形象的故事和优美流畅的语言，这些无疑都可以带动同学们的阅读兴趣。而同学们在欣赏和阅读文学作品的过程中，又能从中汲取大量的营养来丰富自己的词汇量，提高自己的语言能力，从而培养起对语文学习的兴趣，提高语文水平和学习效率。

那么，同学们应该如何有选择地阅读文学作品呢？

第一，要选择适合自己的文学作品。那些能够深深打动自己并且跟自己的切身体会产生共鸣的文学作品往往最容易激发我们内心最真实、最淳朴的感情，有利于充分调动阅读文学作品的积极性。因此，选择文学作品时，同学们要根据自己的年龄层以及爱好来进行选择。

不要选择寓意深刻、主题宏大甚至很多大人都读不懂的文学作品，这几乎对语文学习没有任何帮助。因为如果你没办法完全看懂作品，自然也就很难真正地、全面地领会和理解文学的魅力。同时，如果选择的作品让自己读起来不那么顺畅，就很容易使自己陷入毫无生趣的境地，从而消减阅读文学作品的兴趣。

因此，同学们应该选取那些在篇章结构、句型运用、音韵组合朗朗上口的作品来进行阅读。这样的选择是为了保证阅读的顺畅度，确保好的阅读体验。比如《老人与海》《傲慢与偏见》《悲惨世界》《魔戒》《平凡的世界》等作品就适合现阶段阅读。

第二，要多扩展阅读，了解一些"题外话"。什么是"题外话"？就是那些有关文学作品的逸闻趣事等。很多文学作品中融入了大量的中外古今文化、历史典故，可以让同学们看到古人的智慧。如果同学们更多地了解这些，再巧妙地进行古为今用，一定会收益颇多。

比如《老人与海》的作者海明威是如何在十几年的生活中体验构思酝酿作品。再比如，《鲁滨孙漂流记》是根据现实中的漂流者亚历山大·塞尔柯克的真实经历写成的。鲁迅是如何从立志成为一名医生而改变想法投身文坛……进行拓展阅读，知识就变得更立体而丰富了，同学们阅读文学作品也不再只是枯燥的记忆，反而可以了解很多趣事和历史，增加文学知识，为作文素材做准备。

同时，在阅读文学作品的过程中，同学们还需要注意一些细节。具体来说包括以下几个方面：

第一，准备一个摘抄本。在阅读文学作品时，同学们可以将那些精彩的句子和片段摘抄下来并且随时温习。日积月累之下，你会发现原来做一个才多识广、知识渊博的人是如此容易。

第二，一定要多记。语文学习注重背诵，德国物理学家艾宾洛斯就曾说："保持反复是学习的函数"，背诵就是这种保持的最有效手段。这种保持就是记忆的持久，而背诵名篇佳句又可以培养语感，提高说话和写作能力，对加深对课文的理解有独到而奇妙的作用。

第三，一定要多写。多写是提高语文成绩的一种很好的方式。用怎样的词语表达，才显得贴切得体；如何才能大气磅礴以理服人、以情动人；怎样才能把话说得切中肯綮；怎样才能详略合宜，使人耐读爱读、回味无穷。在实践中不断领悟，久而久之提高语文水平也就不在话下了。

以上这些，如果你在阅读的过程中真的用心去做了，那么必然能够体会到文学作品的魅力所在，同时也会对于文学阅读产生兴趣和积极性。有了兴趣，语文的学习自然也就不那么难了。

# 语文和英语一样，需要语感

提到语感，首先我们先来了解一下什么是语感。对于语文来说，语感就是能够比较直接、迅速地读懂和吸收语言文字的能力。

在我看来，语感是一个人语文水平的重要组成部分。对于初中阶段语文的学习而言，语感就是同学们对于语言文字分析、理解、体会、吸收的能力水平。那些语文成绩比较好、语感比较强的同学，对于语言文字有着全方位的丰富直觉，阅读时不仅能快速、敏锐地抓住语言文字所表达的真实信息，感知语义，体味感情，领会意境，而且还能捕捉到言外之意、弦外之音，体会到更多字里行间的意义和内涵。

当然，拥有好的语感是每一位同学都梦寐以求的，但是真正能做到的却少之又少。更何况，语感真不是轻易就能培养起来的，它需要兴趣、态度、积累等全方位的因素集合在一起。如果让我对同学们如何培养语感提出建议的话，我要说的还是那句老话：重视阅读，用心阅读。

同学们如果能够培养起相对较高的阅读水平，掌握科学的阅读方法，就可以快捷地积累知识，提高分析问题和解决问题的能力，从而不断走向高效阅读。

阅读的方法有很多种，在多年的教学生涯中我总结出几种科学有效的方法，可以帮助同学们提高阅读水平。其中包括跳跃阅读法、归纳式读书法、感统式读书法、批判式读书法。

第一，跳跃阅读法。著名作家秦牧，知识渊博，博览群书，妙笔生花，并擅长写优美隽永、色彩明丽的散文。他在长期的读书创作生涯中，时常强调阅读时要尽可能快些，尽量控制眼睛不停留在书面上一个字一个字地看，而要让眼睛去看组成串的字，甚至可以进行"跳读"。

科学研究表明，人的大脑构造使我们只需瞥一眼就能抓住并理解一个词组或短语的含义，而不必逐字解释或朗读。只要同学们阅读时精力集中、学习态度端正，不仅可以提高阅读速度，还可以在短时间内清楚文章的要旨和意义。

跳跃阅读法可以让同学们广泛地阅读各种书、杂志、报刊等，收集信息，启迪思路，开阔视野，增长知识。

第二，归纳式读书法。其实这种方法放在语文和英语阅读上都同样有效，平时阅读时同学们如果留心就会发现：一篇文章甚至一本书中几乎很难找到两个完全一样的句子，但仔细研究之后，所有的句子都可以统归为若干个基本句型，任何一个句子都和这些基本句型中的一个相对应。掌握了这些基本句型，基本上就不愁不会分析千差万别的句子了。

第三，感统式读书法，就是在阅读时要充分调动自身的主动性，使感知、记忆、思维想象等各种心理活动协调起来，加强联系，密切配合。这种读书方法能增强记忆、锻炼思维、发挥想象，从而达到强化读书效果、提高读书功效的作用。

第四，批判式读书法。即读书要带着批判的眼光去读，首先要学会把书读进去、理解书中的内容实质，切实把握书中的观点、思路、结构、风格等。然后，同学们就要从书籍本身内容跳出来，能够运用书中的内容解决实际问题，而不是被书中的思想束缚住，成为只会死读书的"书呆子"。最后，同学们要进一步"去其糟粕，取其精华"，层层剥去，层层领会精神，吸收书中的精华，用批判的态度去读书，从而达到良好的阅读效果。

掌握以上几种读书方法，并不意味着同学们就能够拥有语感。要知道，方法与步骤永远都是相辅相成的，由于年龄的限制，同学们的专注力与大人还是有差异的。因此在阅读步骤上，我总结出看、读、问、习这几点，希望同学们多加注意，认真体会。

第一，看。我所说的"看"，即翻看。拿到一本书，要先粗略地浏览一下全书，简单地了解内容的大概，看看深浅程度是否符合自身情况，然后决定这本书是否值得一读。

古往今来，人类的文化宝藏极为丰富。同学们只有结合自己的情况，有针对性地选择书目，才能达到事半功倍的效果。如果不加选择，眉毛胡子一把抓，不仅浪费精力和时间，而且也得不到好的阅读效果。

第二，读，即阅读。对适合阅读的书，同学们要先用较快的速度粗读全文，了解内容概要及主要论点，找出全书重点，理解重要内容，对一些佳句、精彩片段熟读精思。如果在阅读中，同学们若是遇到难点、疑点，可以作下记号，暂且不管，再另作安排。

第三，问，即提出自己的问题和质疑。对书中的每个重点、论点或问题都要认真思考、比较、分析，从没有疑问的地方寻找疑问。提出问题后，同学们应积极思考，从可疑的地方设法解决疑问，最后正确解决掉全部疑问。同学们也可带着问题去读书，有目的地去探索答案，提高阅读的效率。

第四，习，即温习。正所谓"书读百遍，其义自见"。对于那些有价值的知识，同学们应该掌握到极致，要不厌其烦地进行温习，做到精熟于心，如此一来，才能真正地吸收、消化。

但需要注意的是，最好通读之后再回过头去温习，若是阅读一半就回头温习，很容易打断思路，导致难以从整体上把握阅读材料的含义，也不利于分析文章的细节组织。

讲了这么多，或许有些同学会认为：原来培养语感是如此麻烦的一件事情。其实，我想说的是，真正的积累从来都不可能是一蹴而就的，所谓"九层之台，起于累土"，在语文的阅读上，同学们一定要静下心来，坐得住读得进去。只要功夫深，就一定能培养出自己的语感。

事实上很多同学都有急躁的通病，阅读时贪多贪快。贪得多就消化少，读得快就吸收少。长此下去，很容易使自己的思绪混乱，严重的还可能会使记忆力、思考力衰退。所以，同学们应该抛弃这种坏习惯。想领略书中的文化内涵，并且培养好的语感，就必须要有持久的毅力和耐性，而不是浅尝辄止、贪图近利。

# 作文，语文考试中的"纸老虎"

我带过的很多学生认为作文是语文最难的部分，因为它太抽象，没有固定的模式，而且写起来特别费时间，往往整整一个晚上只能写出一篇作文，其他的作业都没时间做了。

确实，提高写作能力是一件不容易的事，对此我深有体会，作文课或考试中很多同学半天写不出一个字，好不容易写出来也是干巴巴的。

或许有人会说，多看书多阅读不就可以了吗？人们不是常说"读书破万卷，下笔如有神""熟读唐诗三百首，不会吟诗也会吟"吗？的确，从某种程度上来说，阅读能够帮助同学们提高写作能力，但如果你只是想通过阅读来解决写作难的问题，还是远远不够的。你还需要与其他方法相配合，那么你需要注意哪些要点呢？不妨看看下面的几点建议：

第一，想写好作文，一定要善于观察。根据我的经验，但凡那些作文写得好、作品言之有物、语言优美细节丰富的同学，都是在日常生活中善于观察的。观察是提高写作能力的非常重要的一环。因为你若是能做到亲眼观察，感受就会比较深，写出来的内容也就详细深刻。

因此，同学们一定要注意培养自己的观察能力，在平时处处留心周围各种各样的事物，熟悉形形色色的社会生活。

比如，写一篇有关动物园的说明文，一定要以实际观察为基础。你在动物园见到什么动物了？某动物长得是什么样子？介绍牌上说了什么？现场发生了什么有趣的故事？这个动物是愿意独自待着，还是愿意和其他伙伴玩？等等。

其实，这是一件挺简单的事情，同学们可以把自己观察的事物、见闻和感想，及时写出来，事后再稍作整理，形成很好的作文素材。如果你真的这样做了，相信会感到吃惊的——原来这就是"作文"啊！原来我也很厉害呀！这样一来，之前对于写作的抵触情绪和恐惧心理自然也就烟消云散了，写起作文来就会快得多、轻松得多，渐渐地还会培养写作的兴趣和积极性。

第二，写作文并非无规律可循，和其他方面的知识一样有着独特的特点和技巧。抓住了作文写作的技巧，同学们就可以比较便捷、短时间内有效提高写作水平。

关于这些技巧，其实我平时在课堂上也曾多次强调过。比如，如何开门见山、首尾呼应，如何点题，如何过渡，采用何种叙述方式等等。

再比如，记叙文的写作技巧：写作时，不能把事情的始末全部交代清楚，即便你想交代清楚，也不能只叙述故事的梗概。这样一来，很容易造成文章语言干瘪不生动的现象，达不到"以情动人"的效果。同学们应该截取生活中的几个典型片断，即抓住生活中的三两个特写镜头，然后进行具体形象生动的描绘，如此一来，文章就更精彩了。

当然，没有那种"包打天下"适用于各种文体的写作技巧。要想写好作文，主要还是要靠同学们在写作实践活动中去摸索，去学习，并运用到具体的写作中。

第三，写好作文需要想象力。我要告诉同学们的是，对于作文而言最重要的一点那就是想象力。观察源于生活，技巧是运用素材的方法，而想象力则是作文的灵魂。好比"画龙点睛"，想象力才是眼睛，是一篇文章的灵魂所在。

那么，同学们在写作文的过程中应该如何培养和运用想象力，才能让作文既有天马行空的瑰丽想象，又不流于假大空式的"空中楼阁"呢？

首先，想要写一篇作文时，不要急于动笔，要给自己一定的时间去思考，根据题目先想清楚自己可以写什么，脑子里都有什么素材，可以选择哪几种写法，最后再确定用哪一种方式去写。这就是构思的过程。

其次，在构思作文的过程中，同学们切记要专注，尽量不要打断思路。的确，这样做比较费时间，一篇小作文往往要耗费一个多小时，但是可以让同学们学会对素材的取舍和写作的创意，收获是很大的。

如果同学们能够坚持下来，边思考，边琢磨，边写作，久而久之，就会逐渐领悟到写作规律的真谛，将写作的方法、技巧化为己有，达到心领神会、融会贯通的地步，进入写作领域中自然、娴熟和无技巧的最高境界。

需要注意的是，写作是一种复杂的精神劳动，绝非一朝一夕之事。任何同学期望写作速成，渴望一夜之间就成为写作高手那肯定是不现实的。

因此，同学们在思想上不要"怕"写作文，要记住我说的三点：观察、技巧、想象力。理顺思路，循序渐进，持之以恒。

如果你的作文基础非常差，一开始可以先用几个相关的词引导，练习写简短的段落，然后再逐步加深难度和训练，进行综合训练。还可以先写较为简单的人物、记事、绘景的感性文章，后写逻辑性较强的议论文、说理文。还可以多读范文，然后照着范文的模样来写，最后再练习自己创作。

同学们，只要你能掌握好方法，长期坚持下去，写作能力自然会逐渐提高，日益长进，到时候你就会发现：原来作文才是语文考试中的"纸老虎"。

# 日记，最好的语文家教

　　我想问同学们一个问题：你是不是有时候会遇到类似的情况，考试的时候好不容易把前面的试题答完，可面对考卷最后的命题作文，顿时头脑一片空白，不知道要如何下笔，根本没有思路？

　　我相信，很多同学都会给我肯定答案。确实如此，很多同学都发愁写作文，每到写作文的时候就不知从何处组织语言，搜肠刮肚也想不出几乎话，更别说有发散性思维了。其实，这都是同学们平时积累不够的原因，如果平时多做积累和练习，多写写日记来锻炼文笔，那么，同学们的思路就会文思犹如泉涌，下笔如有神！

　　清代文学家唐彪在《读书作文谱》中说过："读十篇不如作一篇。"我认为这句话非常有道理，特别是在提高作文水平这件事上。写作能力的获得最重要的途径就是写作实践和写作训练。只有勤写多练，方可熟能生巧。

　　对于初中阶段的学生来说，最有效和简单的实践当属写日记了。我一向主张让同学们坚持写日记，能多写就多写，能少写就少写。一开始，同学们先不必考虑结构、语言、思想上的问题，而是把自己的所见、所想、所听的事情记录下来，不怕流水账，写得越多越好。同学们也可以写下自己认为有趣的事情或者天马行空的一些想法。随便怎么写，不要觉得可笑，不要觉得文笔不好。只要你可以写出文字，那就是有效的。

盛楠一直是一位爱学习的好学生，学习成绩也不错。有一次期中考试的时候，她遇到这样的问题，语文考卷的命题作文是《考试》。看到作文题目时，盛楠有点犹豫，不知道从何处开始。过了一会儿，她便有了主意。

考试的这天，学校外面车水马龙，考场倒是非常安静，同学们都在埋头答题，每个人都有每个人的想法。盛楠便借助了当时考试的情形，写下了自己的感受。虽然面对窗外嘈杂的声音，她并没有平时那样从容，但是也正是借助了这样一个矛盾的心理感受，一边凭借意志力强迫自己静下来完成考卷，一边尽量忽视外面过往车辆发出的刺耳声响。正是如此，她的作文获得了满分，老师的批语是真实、形象。

虽然盛楠的这次经历只是巧合，但是，她能够以当时真实的情形写出内心感受，完全归功于平时写日记的习惯。从初中一年级开始，盛楠就开始写日记，把每天学习状况、心理情感等都一一记录下来。

写好作文的技巧其实就是充分发挥同学们的想象，用已有的词语将自己能够想象到的事情、观点表达出来。而观点的形成也是有一个漫长过程的，同学们平时看到某个事物的时候，比如路边的一只小狗，如果只是看到了，没有进行观察和总结，那么它就不能成为创作的源泉。如果看到了，并且通过仔细观察它的外貌、动作、神态等，然后回到家里记录下来。这就是一篇有意义的日记，也是今后可以直接拿过来用的素材。

同时，一旦同学们通过平时的写作积累了更多的素材，那么在写作文的时候就不会因为思路得不到扩展而烦恼，也不会因为没有更多的词汇和素材而无从下笔，更不会因为没有内容语言空洞而让作文显得枯燥乏味。

我所提倡的日记，顾名思义就是将一天内发生的事情进行集中、升华，通过文字的方式记录下来。内容方面，可以是对生活和学习的总结，还可以是对所见所闻的见解，还可以是各种观点的相互撞击。

然而现在很多同学迷恋手机游戏、短视频，无心观察身边的一事一物，更无心用笔记录自己的生活经历。同学们应该抛弃这个坏习惯，激发自己对写日记的兴趣。兴趣主导思维，有了兴趣才能把作文写好。

还有很多同学之所以不愿意写日记，是因为他们认为自己的生活平淡无奇，没有什么内容好写的，写日记对自己简直是一种"折磨"。对于这种现象，我建议同学们要善于发现生活中的素材，然后运用技巧和想象来组织素材。

在写日记的训练过程中，同学们可以运用自由发挥的方法，不限定题目，但是要注重细节描写，如心理描写、人物外面描写、动物外形描写、自然景色描写等。注重细节的描写，才能锻炼同学们的观察能力、分析能力、理解能力、语言运用能力，提高语文综合素质。

总而言之，我想表达的是：用坚持写日记的方法提高作文水平是完全靠谱的，坚持写日记甚至胜过好的语文家教。每一位同学都要转变态度，把写日记转化为写自己的生活、经历和思考。这样一来，写作时便不会再文思枯竭，什么也写不出来。

# 晨读是语文的黄金搭档

古人云："一年之计在于春，一日之计在于晨。"充分利用早晨的黄金时间，多阅读、多背诵是大有益处的。

在我看来，如果同学们早上能够坚持读书，不仅能够训练朗读技巧，提高阅读能力，还能积累更多更全面的知识。目前同学们正处于记忆力较好、能储存大量知识的阶段，所以充分利用好晨读尤为重要。

晨读的优越性在科学上也是有依据的，早晨的时候，人的大脑经过一个夜晚充足的睡眠和休息，处于十分清醒的状态，思维十分敏捷，思路特别清晰。这时，人的理解能力和记忆能力最强。每天早上晨读，把晨读作为完善自我的内在需求，时时读、处处读，并且养成良好的习惯，这样会让同学们受益终身。

一个喜欢晨读的学生张璐让我印象深刻，她的父母从小就注意培养她晨读的习惯，所以从小学开始，她每天都要晨读20分钟，从未间断过。通过几年的晨读，张璐不仅熟悉了课文、定理、定律，积累了大量的词汇，而且还大大丰富了课外阅读，包括古诗词、名人名言以及名著。

张璐曾经为自己算过一笔晨读账：每天晨读20分钟，时间短，贵在恒，积少成多，一年便相当于比其他同学多上了将近150节课。而且清晨是一天中最宝贵的时间段，少睡20分钟对于睡眠没什么大影响，可对于阅读和记忆却有很大益处。所以，如果同学们能够认真上好20分钟的晨读课，一定会获得意外的收获，也会取得更好的学习成绩！

当然人是有惰性的，尤其是初中阶段的你，自制力比较差也是可以理解的。这就需要你不断鼓励和激励自己，战胜贪睡赖床的不良习惯。并且，榜样的力量对于一个人是巨大的，同学们可以向其他同学学习，督促自己养成早起晨读的好习惯。

同时，如果你以前没有晨读的习惯，那么最好选择春、夏、秋三季开始，因为气候好，开始的难度就会相对小些，养成好习惯也容易一些。

晨读最主要的任务当然是朗读与背诵，那么读什么，背什么，读多少，背多少，每位同学都应该心中有数。如果没有明确的目的，读得太过自由散漫，就会像一盘散沙，自然也就没有效率可言。因此，我建议同学们制定一个长期和短期的晨读目标。长期的目标可以范围稍微宽泛些，而短期的目标一定要具体，应该落实到每月、每周、每天的阅读任务。比如，这周要完成一本名著的几个章节，每天要阅读多少页。为了达到这个目标，同学们要用心地去读、去体会、去感悟。

在晨读的内容上，我建议同学们可以结合目前学习的进度来去选择，可以读课文精彩片段，或是一些重要的知识和名言名句、古诗、单词，或是读笔记、读试卷、读错题等。同时，同学们可以读一些课外读物，比如读一些科普类文章，或者古诗词、曲，以及一些与初中课程相关的文章或资料。多接受一些新鲜的事物，开阔眼界，启发智慧，增加阅历与见识。这样一来，同学们既可以满足新奇感，又可以满足求知欲。

晨读效果的及时反馈也是很重要的。同学们要明确了解自己读了多少，背了多少，掌握了多少，了解是否适应晨读的学习模式，有没有需要改进的地方等等。这有助于同学们进行有针对性地调整和改善，提高晨读的效率和质量。

同时，晨读的时间并非越长越好，同学们并非起床越早越好。因为现在同学们的课业负担相对比较重，大部分人的睡眠时间不足8个小时。如果为了晨读而影响睡眠，那么就会耽误白天的学习，同时让自己感到身心疲惫，兴趣全无。因此，我的意见是：晨读需要根据自己的实际情况来制订计划，一般来说以20分钟左右为宜。

总之，短暂的晨读时间虽然看起来不起眼，却是一天之中学习的黄金时间。如果同学们都能够利用好这个时间段，那么对于阅读、记忆乃至全方位知识的积累来说，都是有非常大的好处的。

# 永远不要忽视"背功"

"背功"，即背诵的功夫。自古以来，中华传统文化中关于"背功"的典故不可谓不多，甚至成为国学文化传统的一部分，比如背诵《三字经》《百家姓》《千字文》等。或许有很多人认为"背功"就是死记硬背，对于学习是毫无益处的。其实这是对背诵最大的误解，背诵作为一种古老的语文学习方法，对于语文学习的作用是非常大的，并且相当受人们关注。

著名文艺理论家、美学家、教育家朱光潜先生在《从我怎样学国文说起》中这样说："我现在所记得的书，大半还是儿时背诵过的，当时虽不甚了了，现在回忆起来，不断地有新领悟，其中意味，确是深长。"

朱光潜先生说的非常对。打个比方，我们的大脑就像一个大仓库，通过背诵可以在积累大量的语言素材。记忆得越多，"仓库"就越满、越丰富。学语文特别讲究积累，尤其是词汇的积累。通过背诵那些名篇佳作中新鲜的词语、精彩的句子，同学们可以实现知识的积累。只要你做到坚持背诵，词汇就会变得丰富起来。

相反，一个不愿背诵和记忆的人，即使他读过很多书，但真正储存到大脑中的东西并不多，这样一来，他的词汇量就永远丰富不起来，语文成绩和作文水平也就很难得到提高了。纵观古今中外那些文学大师，无一不经过大量背诵。背得多，积累得多，他们头脑中的文学仓库就变得愈发丰富，从而为他们之后的文学创作奠定了坚实的基础。

现实生活中也是如此。有些同学语文成绩很好，其实他们已经在无形中养成了一种阅读和背诵习惯，长期坚持下来就对各种词、句非常敏感，并且能够在短时间内指出那些词句存在的语法错误，还能在短时间内组织更优美的语言。

而且，背诵与我们之前强调过的摘抄经典语句是共通的，目的都是为了让那些优美的词句能够深深地印在脑海里，一旦有需要使用的时候，就可以毫不犹豫地拿来运用。

同学们需要注意一点，那就是不能为了背诵而背诵。如果你只是为了背诵而背诵，那么大多数时间就会被背诵困扰，产生抵触心理。同学们可以换一种方式，不是去背诵，而是去摘抄，可以多选择一些优美的散文、诗词进行摘抄。这个时候，虽然你无法完全背诵和理解，但在摘抄的过程中不仅能够锻炼自身的书写能力，还能增加对于文字本身的好感，让自己的背诵计划更完整、更有效地执行下去。

对于背诵的重要性，我们还可以想象一下另外几个场景：一个大脑仓库中储备了大量诗词名句的人，看到优美景色的时候，往往就能自然地联想到自己背过的相关诗句。比如看到海边的月色时，马上就会想到张九龄的"海上生明月，天涯共此时"。漂泊在外，想起故乡离别多年的故人时，自然会想起苏轼的"纵使相逢应不识，尘满面，鬓如霜"。看到别人浪费粮食，自然就会想起李绅的"谁知盘中餐，粒粒皆辛苦"……由此可见，那些文学造诣极高、才思的敏捷的文人们，在很大程度上应得益于他们的饱诵诗书。

当然，背诵也要讲究方法。我曾经让同学们用兴趣小组的方式来背诵，即几个同学组成一个兴趣小组，每个人的兴趣爱好不一样，所以选择背诵的文学作品也不同，之后同学们相互背诵，互相学习。这样一来，不仅能提高各自的表达能力，还能互相监督、提问，互相进步。

此外，背诵不仅能提高同学们书面语的表达能力，也能提高口语的表达能力。如果你留意就会发现，那些喜欢背诵文学作品的人，不但写文章得心应手，讲起话来也是出口成章、文思敏捷。

背诵还可以提高同学们的记忆力，因为从大脑的工作原理来讲，背诵是有意识记的过程，通过反复熟读背诵，加深大脑皮层的暂时神经联系，产生持久的稳固的记忆。可以说，一个人背诵的东西越多，他的大脑得到的锻炼就越多，记忆力就越强。

因此，任何一位同学都不要忽视"背功"的重要性。

终结低效练习，方法升级，才能解决你的英语焦虑

对于英语，很多同学有着这样的误解：英语只是一门学科。其实，英语是一门语言，是一种工具，是人们在生活中进行表达与交流的一种方式和途径。努力学习英语，不仅可以帮助同学们逐步掌握英语知识和技能、提高语言实际运用能力，还可以磨砺意志、陶冶情操、拓宽视野，并提高自己的人文素养。

因此，无论从提高考试成绩出发，还是从方便未来生活和交流出发，同学们都应该把英语学好。

# 学好音标，单词就都记住了

对于英语学习来说，单词是最核心的内容。

想必绝大部分同学都有这样的体会：学英语的第一个坎儿是记单词，而记单词的第一个坎儿是读单词。传统的英语教学就是在课堂上老师读，学生跟着念，课后接着背，以此来记住单词的发音和拼写。但这种方法既没效率，又消磨学生学习英语的兴趣，实在是英语学习的下策。

同样作为语言课，在语文的学习过程中，同学们知道汉字学习是可以用拼音来帮助的。即使有不认识的字，只要有拼音，就可以读出来。那么英语单词能不能也利用这样的方法？答案是肯定的。每个单词都有音标，只要读懂音标，就可以会读这个单词。

但是前提是同学们得掌握英语音标，学会了英语音标，就可以自己独立完成英语单词的学习，同时，这对于英语的学习和英语成绩的提高有着非常大的帮助。

如果同学们能够熟练掌握国际音标以及字母组合的发音规律，就能够根据音标来直接拼写英语单词，尤其是对拼写一些比较长的单词来说是非常有帮助的。

我经常遇到一些对音标比较敏感的学生，他们仅仅依靠音标就能记住大部分单词，与那些完全靠死记硬背来记单词的学生相比，节约的时间不是一星半点。

在英语里，总共有48个音标，这些音标决定了每一个英语单词的读音，就好像63个汉语拼音决定了汉字的读音一样。只要同学们熟练地掌握了英语音标，就能更加轻松地把众多的英语单词读准。另外，英语的音和形有很多相似之处，只要平时注意记住每个字母的发音规则，就可以做到听其音而知其形、见其形而晓其音。

或许有些同学会提出这样质疑：为什么英语音标这么重要呢？首先你要明白，学音标，是为了帮助你学习英语的发音，英语中有很多发音是汉语中没有的。这些读音非常陌生，同学们要发出这些读音，并且准确地发音，是一个很大的挑战。而音标可以帮助同学们应对这个挑战。一旦同学们不能掌握音标这个工具，就只能靠耳朵听来比对和调整自己的发音，这样做的效率是非常低的。

因此，在日常的英语学习中，我时常强调要把英语音标学扎实。那么，同学们要如何去学呢？

第一，每个同学都要树立自信心，敢于张开嘴，多读，常读，而且要大声读。就算你的发音不标准，也得多张口练习。就算你的发音是错误的，也不要不好意思。所谓熟能生巧，读多了自然就记住了，也有利于嘴巴适应英语发音的口型，塑造肌肉记忆机制。而且在不断练习的过程中，如果你出现错误的读音，就会不断被身边的人指出并纠正，这样会促使你学习得更快。

第二，正确掌握了音标，能够独立发音之后，同学们就可以进一步从单词、短语、句子、段落、篇章这几个层次分阶段练习。最好先找一些音频或者视频资料，听听标准的发音是什么，听听别人是怎么读的，然后自己跟着录音跟读，读的时候最好也录下来，然后听自己读的和录音有什么区别，错误在哪里，最后再有针对性地进行纠正。这种学习方式虽然烦琐，但是有助于同学们掌握标准化的音标和英语读音，不仅对于初中阶段英语的学习帮助很大，而且还可以为将来更进一步的英语学习打下了坚实的基础。

第三，在细节上同学们还要重视两个问题：一是单独的发音要准确，一是每个音在单词拼写中不是孤立存在的，要学会体会单音在单词甚至句子里的发音。

同学们要先学会每个单独的音，如区分元音里的长短音。长音和短音的发音是不同的，不是光有长度区别，还有口型的区别。

总的来说，英语音标的学习同背单词一样，属于英语学习的基本功。如果同学们的基本功学扎实了，那么后期的英语学习就会越来越顺手，越来越容易。我希望同学们都能够重视音标的学习，并且熟练掌握这一高阶技能。

# 语法是英语学习的重中之重

记完单词，下一步同学们应该做什么呢？

就像建造高楼大厦一样，单词是最基础的建筑材料——砖块、水泥和钢筋，有了这些基本的材料，应该如何去建造英语的高楼大厦呢？这时候就轮到语法登场了。如同汉语的语法一样，英语语法相当于高楼大厦的图纸，负责把单词按照顺序组合起来，构成各种各样的句式，表达不同的意思。所以说，学习语法同学习单词同样重要，是最基本的英语技能，同学们需要扎实地去学习和掌握。

然而，很多同学对于语法的学习始终不得其法，觉得英语语法很抽象。如果看到一个英语句子，大部分单词都认识，有的同学勉强能拼出句子的意思，但是如果让他写句子或者写文章那就完全没有头绪了。主要原因是这些同学没有掌握好语法知识。英语语法要比单词难学得多，单词最起码还可以通过反复记忆来搞定，语法则完全没法死记硬背了。它需要通过学习去总结规律，从而掌握不同语境下单词的使用排列方法。

但是，我想说的是，语法学习也有相应的技巧和方法。如果同学们能够掌握学习语法的方法，那么就可以轻松地掌握和应用了。

一位名叫杨涵的中学生，在小学阶段的英语成绩并不好，每次考试勉强能及格。但是到了初中，杨涵的英语成绩却扶摇直上，基本上每次考试都保持在90分以上。这对于英语成绩一般的他来说，可以说是非常大的飞跃，所以让同学们感到很震惊。

其实，杨涵没什么秘诀，主要是他找到了掌握语法的有效方式。他能够把握自己，从头开始学习，不仅时常记忆单词，认真理解语法、句型和词组，更重要的是还利用课外时间分析不同句型中的各种语法，久而久之，英语成绩得到很大提高。所以，在别人看来这只是一瞬间的事情，但是，对于杨涵来说，却是刻苦努力的结果。

学习语法最重要的是弄懂句子成分，相对于语文的语法，英语的语法比较复杂。同学们首先要了解可能存在的句型，然后再弄懂句子成分，进而在练习的过程中掌握语法。

同学们需要把所学语法放到句子和具体的语境中去体会，去理解，最后再尝试着应用。同学们要充分利用课堂以及课外时间，分析不同句型中的语法。通常来说，在语法的学习过程中，同学们要注意以下几点：

第一，了解并熟悉英语的基本语法句型。英语句型有一般现在时、一般过去式、现在完成时、过去完成时、一般将来时。这些是汉语语法所没有的，也是需要同学们基本掌握的。这几种时态是学习语法的基础，其他的语法以及句型都是根据这些句型演变而成的，所以同学们必须准确记忆，做到理解透彻。

第二，用理解的方法去学习语法，不要死记硬背。学习语法一定要真正理解，不要死记硬背。可以用简单的句子理解语法，比如"She is a girl."（现在时：主—系—表），"She worked hard."（过去时：主—谓—状），"She has eaten a lot of food."（现在完成时：主—谓—宾），"Grammar includes rules of a language which is very different from one to anonther."（主—谓—宾—定语从句），等等。

再比如英语中存在很多常用的分词，分词就相当于形容词，形容词能充当的成分，分词基本都能充当；而动名词就相当于名词，名词能充当的成分，动名词基本都能充当。通过这种归类的方法，就能够方便同学们理解为什么动名词能充当主语和宾语，而分词则不能了。当然，要更进一步理解语法的使用，还需要同学们联系实际情况来体会句子要表达的意思。

第三，实践才是最好的方法。语法是学习的工具，是为了应用于实践，所以同学们不要为了学语法而学语法。举个简单的例子，Walking on the street, he saw a man singing at the front of the shop. 这个句子的意思很简单，即走在街上，他看到一个男人在商店前面唱歌。

但是，如果单纯地判断Walking on the street和singing是现在分词还是动名词，如果它们是现在分词，其功能是作状语、作补语，还是充当其他成分，那么这种做法就显得多此一举了。这不仅不利于语法的学习，还会导致同学们思维混乱，产生厌倦感和烦躁感，不利于英语的学习。

第四，多记忆，多复习，多运用。当然，语法的学习不是被动地等老师总结，更不是死记硬背，同学们应该在平时学习的过程中标记知识的难点以及经常出现的问题，并且对同类问题归纳总结。其实，任何语法记忆方法都只是手段而已，想要实现有效地掌握和运用，还是需要你能够经常看、经常听、经常读。如果某段时间记住了，但是长时间不去看就会很快忘记。因此，同学们一定要隔一段时间就将这些语法拿出来复习一遍，巩固一下，在平时写作时多运用，这样才能更好地掌握。

另外，从更宏观的层面上讲，如果说语言是一套系统，那么语法则是这套系统的规则。与之相关的沟通能力、逻辑思维能力都建立在掌握好规则的基础之上。

对于初中阶段的学生来说，语法基础不仅对英语成绩的提升有促进作用，同时也能提升同学们的英文阅读写作等能力。所以，在日常的英语学习过程中，同学们不仅要重视单词的记忆和语法的应用，同时也要尽量多通过阅读、写作等方式不断练习，这样才能真正有效地掌握它。

# 英语笔记应该这样写

记笔记是同学们学习过程中不可缺少的一个环节，相对于其他科目，英语的笔记相对松散很多，这大概是令大多数同学感到头疼的地方。

很多同学都有这样的感受：英语课上总是不停地记笔记，特别是关联性不强的语法笔记，记录得比较多。可是，记好笔记后，同学们又不知道怎样复习。甚至有些同学不知道怎样记笔记，笔记记得凌乱不堪。

这是因为大部分同学对于英语的学习还没有一个系统化、逻辑化的方法。笔记内容不仅不系统，也不规范，到头来，语法知识学了一箩筐，在实际运用时还是被不同的语法结构、逻辑顺序弄得焦头烂额。

那么同学们如何去写英语笔记呢？不妨看看下面这位同学的做法：

宋晓飞是英语课代表，英语成绩一直名列前茅。在平时的学习中，同学们有什么问题都会向他请教，有时候英语老师还会让宋晓飞上台给同学们分析英语语法。宋晓飞英语成绩之所以这样好，主要是因为他有一本详细而系统化的英语笔记，随便一个语法知识点，他都能从笔记中找出与之相关的部分，然后讲得头头是道。

不过，最初学习英语时，宋晓飞也和其他同学一样，不得其法。他也总是被各种各样的语法问题所困扰，比如人称代词和物主代词的使用、动词的使用规律、时态的转换等。

后来，宋晓飞经过认真仔细的思考，对于每次出现的语法错误进行了归纳和梳理。他发现这些句子具有相同的共性，与之相对应是，在日后的学习中，当老师讲到某一相关语法知识时，他就会根据共性将相同类的语法知识点集中到一起。这样一来，学习起来既有系统性，也有规律性，同时还能做到举一反三。日积月累之后，一本详细完美的语法笔记就诞生了。

第一，理解是最重要的。同学们都知道，英语这门语言学科的学习离不开知识的点滴积累，包括词汇量的丰富、课本的背诵等方面自然是多多益善。不过，同学们在积累知识的同时，更重要的是理解和掌握。只有真正做到理解和掌握之后，记忆的东西在脑海里才是灵活可靠的。

第二，避免单纯地罗列知识点。与精彩的英文对话、有趣的英文歌谣相比，语法知识点显得苍白而无趣。无趣是因为有太多的语法现象、晦涩难懂的语法术语、冗长沉闷的语法规则，以及太烦琐的表述，这些无法引发同学们的兴趣。而且，一些传统的、单纯的语法输入，因为使得语法脱离了一定的语言环境，就变得更加枯燥乏味了。所以，同学们在记录英语笔记时，一定要避免单纯地罗列知识点，否则会让学习陷入枯燥乏味的窘境。

第三，尽量做到趣味化。对于英语语法的学习，具体指的是英语中语言的结构规律，包括词法和句法。一本系统化逻辑化的英语笔记，不仅要专业化，而且要尽量做到趣味化，这样的笔记才是好的学习笔记。

同学们可以使用编顺口溜的方式来记忆一些内容，对于枯燥乏味的语法知识点进行有技巧的记录。顺口溜一般不但押韵、朗朗上口，同时也要具有趣味因素。一旦同学们把一个严肃的东西换一种轻松诙谐的方式来记忆，那么复杂的事情就变得简单轻松化了。

第四，从整体着眼，保证笔记的连贯性和系统性。记笔记的时候，同学们要对于语法的学习有一个系统化的宏观概念，从语法的每个知识点出发，根据语法的规律进行分门别类，并要在每个语法种类下留下一定的空间，准备日后遇到类似的语法问题好把它们集中在一起。

同学们还要记住，不可以用三天打鱼两天晒网的方法来应付英语笔记，否则就可能导致语法知识的疏漏，不利于之后的复习和掌握。

比如，通过动词be（am，is，are）的用法，可以把它的用法做一个用法大全，之后只要学习与它有关系的知识点，就要放到这个位置，并一一对应。同时，同学们要写下语法的理解要领，这样随着知识的不断丰富，就能反复记忆之前的内容，同时也能丰富对各种语境下动词be的用法的理解。

第五，笔记要着重记下典型例句。任何语法知识都是从实际经验中总结出来的。不同的语法结构会有相应的成千上万个例句与之相对应，但所有句子都万变不离其宗。就算句子的内容再千变万化，它的本质结构是不会发生改变的。所以，同学们要在笔记上记录一些典型的例句，然后多次反复记忆。

很多时候，同学们并不需要死记硬背太多的东西，而是只需要牢牢记住那些有代表性的例句就可以了。通过对比的方式来加深印象，就可以掌握语法的具体应用方法。

第六，这一点也是最"老生常谈"的，就是"勤字当头"。同学们在课堂上一定要做到即时记录，不能丢三落四。

对于烦琐的笔记来说，勤奋是第一要素。这要求同学们在任何时候，不管遇到任何语法问题都第一时间记录下来。同时，同学们要找好合适的地方以及归纳出合适的知识点。以上几点是同学们在做英语笔记时必须要学会的，只有做到了这些，你的英语笔记才能摆脱碎片化杂乱化的窘境。避免了这些问题，英语学习自然也会变得井井有条。

当然，同学们还可以采用一些自己喜欢的方式，来让这本笔记更有趣。比如，可以选择内页有丰富色彩的笔记本，或是有特殊区域划分的笔记本，这样通过色彩的直观辨识来快速找到语法知识点所在的地方，不仅可以让整个笔记更方便使用，同时也让笔记本看起来更加赏心悦目，对语法的学习起到更好的推动作用。

# 手机电脑，也可以是英语家教

如今是信息化的时代，虽然大部分同学还只有十几岁，但是对于各种信息工具的使用已经非常熟练了。尤其是电脑和智能手机。

既然如此，我觉得同学们可以利用这些工具激发学习英语的兴趣，提高学习趣味性。电脑和智能手机具备多媒体功能，有强烈的互动性、直观性，可以促进同学们听、说、读等能力的锻炼。

尤其是对于英语来说，同学们更需要这些工具的多样性、便捷性实现信息的获取、能力的训练。那么，同学们如何才能让电脑和智能手机成为自身高效学习英语的"好帮手"呢？

第一，同学们千万不能沉迷于电脑和手机，更不能借着学习来玩游戏。运用电脑和智能手机来学习英语时，同学们一定要明确一点：电脑和手机是用来上网接受各种信息和学习的有用工具而不是玩具。

因此，同学们一定要增强自律性，避免利用电脑浏览网页、玩游戏，避免利用智能手机上网聊天、打游戏。如果你的自制力比较差，可以删除、屏蔽掉那些与学习无关、影响学习的软件。

此外还要注意的一点就是，现在同学们的身体处在发育阶段，如果长时间坐在电脑前，会发生脊椎、手腕、颈背肌肉的疼痛现象，长时间看手机会影响视力、颈椎的健康。因此，同学们要合理分配学习时间，一般来说，中学生每天最多可以使用一个小时电脑或手机。

第二，学习查阅英语资料。同学们可能都会熟练地使用电脑和智能手机，这个时候，你要学会使用搜索引擎，搜索所需要的学习资料。比如，在网站中搜索"英语学习"，就可以获得英语学习的相关信息和资料，包括听、说、读、写、语法、背景知识等大量信息。

对于那些有英语爱好或特长的同学，你可以通过社区交流来学习英语知识。比如，网上有专门的英语学习论坛、英语角等网络社区，同学们可以与其他爱好英语的人交流，共同进步，还可以把文章发表到论坛或博客上，检验自己的学习成果。

初中二年级的小雅是一个热爱英语学习的女孩，常常希望自己的英语作文能够得到老师表扬，在全班同学面前朗读。可是，这种"殊荣"是很少的，每次只能落到极少数同学身上。

后来小雅逛论坛时，发现很多人会发表自己的文章，于是她也效仿起来，并且还建立了属于自己的英文博客。她开辟了一个"习作发表区"，时常把自己的英语作文发表在论坛和博客上。

一开始，浏览者和留言者都不多，而且大部分都是说她写作水平不好的评论。可是小雅没有气馁，继续发表自己的文章。慢慢地，留言者越来越多，小雅会根据别人指出的问题改进文章，结果写作水平慢慢得到提高，大部分人夸奖她英文知识掌握扎实。

小雅受到了很大的鼓舞，英语学习的积极性更高了，一周至少要在博客写三篇英语作文。后来，小雅的英语成绩也越来越好，英语课上作文也开始经常被老师当作范文来读。

同时，节假日期间，同学们观看一些优秀的英文原声电影，如《纳尼亚传奇》《冰雪奇缘》《海洋奇缘》《疯狂原始人》《汽车总动员》等，这样不仅可以让自己熟悉英语口语，培养英语语感，还可以在潜移默化中开阔自己的眼界、激发想象力和创造能力。

第三，学会运用电脑和智能手机在网络上与知识即时互动。现在网络上有很多有关英语学习方面的互动平台和App，将文本、视频、图形、音频集于一体，给同学们提供了一个形象直观的交互式学习环境。更重要的是，这些英文学习的互动平台或App的互动是双向的，可以让同学们与很多英语学习爱好者一起沟通交流，甚至可以通过网络问答的方式解决疑问。

说到底，和其他教学资源一样，电脑和智能手机都是获取知识的新方式，如果同学们能够更好地加以利用，不仅可以提升自己对英语的学习兴趣，还能够提高学习效率。而且，这并不局限于英语这一学科。

# 让英语生活化，在生活中"活"起来

在学习英语的过程中，如果同学们能多关注学习英语的环境，有意识地把英语学习融入生活中，让英语在生活中"活"起来，那么英语学习就不再是枯燥、艰难了。在充满了乐趣与欢笑的生活中学英语，学习过程会变得轻松又快乐，英语水平自然也就提高得快。

英语学习不是一蹴而就的，而是一个长期的过程。同学们不能只在课堂上学习英语，而是应该每天坚持抽出一些时间预习、复习，或者听英语故事，而且还要在生活中多练习、多应用。

那么，同学们如何做到让英语在生活中"活"起来呢？

第一，看到什么就让说什么。利用日常生活中常见的东西，来练习说单词和句子是一种非常有趣的学习体验。比如，早上吃面包，就可以说出"bread"这个单词，和"In the morning，have bread for breakfast."

第二，和家长或同学们一起练习对话。同学们还可以利用生活中的不同场景，和家长或同学们一起练习对话。比如，吃饭的时候，你可以询问爸爸说："The dinner is ready, Are you hungry？"下课后，询问同学："Would you like some water？"

第三，一边看书籍、电影，一边学英语。同学们可以准备一些英文书、漫画或电影，作为学习英文的工具。此类英语书籍，一般是将英语知识点和情节结合在一起的，不仅可以激发想象力，还可以全面提升你应用英语的能力，做到学以致用。

第四，同学们还可以勇敢地和外国人交流，锻炼自己的听说能力。与背课文、看电影，真正和外国人进行交流，是同学们锻炼听力、提升语感的重要途径。这说起来容易，可真正做到却非常困难，同学们需要积极寻找机会、大胆表现自己。

第五，尝试着用英文写日记，记录生活中的趣事、感受，这对于提高写作能力非常重要。这一点在语文学习中已经讲过，这里就不再累述。

总之，学英语时，同学们要让英语生活化，在生活中"活"起来。真正做到在生活中运用英语，才能提升学习英语的兴趣，夯实和巩固英语知识，真正地提高英语水平。

# 学业的精进！做自己面面俱到的高级课业规划师

进入初中以后，课程变化比较大，增加了不少理科文科方面的课程，比如物理化学，历史生物等等。同学们如何转换角色、适应课程的增加，是一个非重要的问题。正因为如此，不少同学在小学成绩很好，到了初中却呈"断崖式"下降。

　　其实，不同的学科有不同的"套路"，这些"套路"既有区别又有联系，只要能够熟悉每一门学科的特点，掌握相应的学习方法，自然就能够学好这门学科。

# 掌握化学的专用语言

中学生增加的学科中，化学是比较特殊的一门。我发现中学生在化学的学习上呈现"两极分化"的情形。

对于这门完全没有接触过的陌生学科，有的同学上手很快，短时间内就可以掌握化学的特点和学习方法。而有些同学则相反，在很长一段时间都是"两眼一抹黑"，完全不知道该从哪里入手。这是因为，化学大多是一堆的化学方程式，不像物理那样有很多贴近生活的常识，因此在化学的学习上始终不得其法。

其实，每一门学科都有专用的语言，对于化学而言，专用语言就是化学方程式。而化学方程式也正是同学们学习过程中难以掌握的重点和难点。很多同学会花费大量的时间去记化学方程式，可结果总是收效甚微。尤其在做题和考试中发现之前没见过的方程式时，就更不知所措了。

因此，同学们想要学好化学，就应该熟练掌握和理解化学方程式，同时从死记硬背的苦海中挣脱出来。

梁子凡是我教过一名学生，化学成绩非常好。与同学们分享学习经验的时候，他这样说："我爸爸是一位高中化学老师，在学习化学的过程中，爸爸给予我很多指导和建议。"得知这些，同学们钦佩不已，纷纷要求梁子凡分享一下他爸爸教他的化学学习方法。

梁子凡说："其实很简单，我爸爸就是要求我熟练掌握化学方程式，具体可以用一句话来概括：用质量守恒定律来书写方程式。"

这句话得到化学老师的高度肯定。其实，要想学好化学，同学们就必须学会用化学的专用语言来学习，只要搞定了化学方程式，做到融会贯通，那么好成绩自然会手到擒来了。

那么，具体来说同学们应该如何去做呢？

第一，一定要理解透彻质量守恒定律。我们知道，质量守恒定律是化学反应中遵循的规则。所以，要想透彻掌握化学方程式，就必须把质量守恒定律理解透彻。那么什么是质量守恒定律呢？它的定义是：一切化学反应中，反应前后原子的种类没有改变，原子数目没有增减，原子的质量也没有变化。

在化学方程式中，同学们可以把质量守恒定律理解为：化学反应前出现的元素，在反应后必然出现，反应物中没有出现的元素则生成物中不能出现。举个例子：$3CO+Fe_2O_3$（高温），根据质量守恒定律的微观解释生成物必然是$2Fe+3CO_2$。反过来，很多时候化学题目会空出方程式一侧的某项让同学们去填写对应的化学元素。针对这个方程式，假如右边$3CO_2$这一项是空白的话，同学们可以这样分析：因为反应物和生成物中都有Fe出现，而反应物中又存在C、O两种元素，所以生成物中也应出现这两种元素。而通常$CO_2$作为一个原子团出现的，所以推出反应物中的另一种物质一定是$3CO_2$。

第二，做到准确无误地书写化学方程式。化学方程式是万万不可随意臆造的，必须要尊重客观事实和守恒定律的。否则，同学们也就无法做到准确的书写化学方程式了。

第三，书写化学方程式时一定要对原子的个数和种类进行验证。为了验证化学方程式正确与否，同学们要将其进行配平。对此，同学们一定要牢记"反应前后原子种类不变，原子个数不增减"这一原则。

所以，最后一步检查方程式是否正确的方式，就是验证原子的个数在反应前后是否一致，原子的数目在反应前后是否相等。

第四，针对陌生方程式要先审题，看清题目所给的条件。有时候，同学们会发现题目中出现了自己从未见过的化学方程式。遇到这种情况，同学们先不要慌张，要让自己冷静下来。要知道，题目中必然会给出一定条件，比如某实验现象、具体的反应物、生成物的名称或化学式及反应条件等。同学们可以根据这些条件来将陌生的化学方程式理解透彻。

以上这四个步骤，其实就是梁子凡同学的爸爸传授给他的化学学习秘诀。如果同学们能够将上述四个步骤融会贯通，并在学习过程中牢牢掌握和运用的话，那么将化学方程式掌握透彻便不是什么困难的事了。而掌握了化学方程式，也就等于掌握了化学成绩，自然就不用再为化学学习而头疼了。

# 让实验代替记忆

古人常说"读万卷书，行万里路"，这句话便是强调直接经验的重要性。对于学生来说，把知识和实践结合起来，避免了盲目地记忆现成的死知识，有助于在学习过程中将知识合成为一个固有的整体，从而让知识呈现出它本来的面貌。

特别是数理化的课堂上，老师经常会设计一些小型、简易的操作、演示小实验，让同学们在动手的过程中开发智力。同学们要把实验重视起来，因为它不仅可以有利于同学们由被动操作向主动实践转换，还可以实现知识的活学活用，增强理解和掌握。

比如，在几何课学习"组合图形的面积"时，老师会让同学们自己动手制作已学过的图形，包括长方形、正方形、三角形、平行四边形等，并且利用两个和两个以上的图形拼成一个组合图形，然后说出图形究竟像什么。最后，老师会让同学们运用学到的知识，把组合图形分割成已学过的图形，算出它们总面积。

再比如，在化学课堂上，同学们在学习"溶解"这一知识点时，老师会让大家将一些常见的东西放入溶液中，让同学们知道糖、盐、洗衣粉、醋等东西可以溶解于水，而筷子、铅笔、橡皮等则不会溶解。再如"铁生锈了""水泥变硬了""多彩的气泡"等知识，都可以通过动手小实验使抽象的知识变得具体、形象，便于同学们理解和记忆。

这个时候，同学们要认真操作和思考，如此才能在实践中掌握知识的发生、发展的过程，轻松地实现掌握、理解知识的目的了。

化学课上，有这样一个非常有趣的推断题，"硬鸡蛋"为什么在浸入稀盐酸后变成了"软鸡蛋"？很多学生都感觉无处下手、无法解题。这时候，如果同学们能亲手做实验的话，便可以从实验现象中查找到突破口。

鸡蛋壳主要是由$CaCO_3$等物质组成，当浸入稀盐酸时，会发生化学反应：$2CaCO_3+2HCL=Ca（HCO3）_2+CaCL_2$，鸡蛋壳溶解，鸡蛋就会变软。又由于鸡蛋内膜由非碳酸盐组成，不溶于稀盐酸，所以鸡蛋又不会破裂，而保持原形。

这样一步一步分析起来，原本看起来复杂的问题，就变得简单了，可以促使同学们找到解难题的突破口。而且这一过程不仅逻辑性极强，而且非常形象化，可以令同学们记忆深刻，比普通的识记记忆效率要高很多。因此，让实验代替记忆，是一种很聪明的学习方法。

除了化学物理，生物课的学习对于实验的依赖也是相当强的。我们知道，事物本身及事物与事物之间都有着本质、必然的联系。

对于生物课而言，任何生物都有其自身的规律，比如其结构要与其功能相适应，其局部要与整体相统一等等。同学们掌握了这一点，就有助于你了解事物的规律，更好地把握生物学的基础。而要掌握这些规律，最好的途径就是做实验。

当然，这里所说的实验和观察并不是让同学们走马观花地随便去做、随意去看，而是有目的有计划地感知。这样不仅可以通过实验获得新知，也能通过实验验证已知。比如，对生物的形态结构、生活习性、生长发育等进行观察等，可以让同学们更全面、系统地了解生物学的原理和规律。

从另外一个角度来说，实验也是学习的一种方法。每个学生的特点不同，可以尽可能找到适合自己的学习方法，并且尽可能地提高学习效率。

根据多年的教学经历，我认为视觉、听觉和动觉是同学们获得外界信息的主要通道。但是，不同的人有着不同的感官偏好，如此一来，这三种通道传递的效果也就出现了明显的差异。因此我始终坚持认为：在选择学习方式时，同学们一定要事先了解自身的感官偏好。

如果你的视觉偏好，那么阅读时的效果就好，而听写和听讲时效果就会不好。同学们可以选择阅读的方式来学习，比如平时多看课本、各种习题集和题解，或者买一些教学视频等。

如果你的听觉偏好，适合听觉通道，那么听课的效果就会比较好，而阅读的时候很可能半天不知所云。我建议你选择多听的方式，通过耳朵来学习，比如在课堂上认真听讲、买MP3等辅助工具来帮助学习，还可以将自己所需要掌握的内容用自己的话录制下来，反复听。

如果你属于动觉偏好的学生，那么在抄写或者动手实验的时候效果更好，而在阅读和听讲的时候就没有优势了。这个时候，你需要多参与动手的实验，这样就可以更快地获取和掌握知识。

　　总之，学习任何知识，不仅仅是应付考试，更重要的是能将它们灵活运用。这一点在物理、化学以及生物学科中尤为突出。同学们只有多做实验，在实验过程中去记忆和学习，做到灵活运用，才能将知识记得牢固，学以致用。只有做到学以致用，才能体现知识的价值和现实意义。

# 历史课本就是一本故事书

说到历史，我想到一件事情：在所有任课老师中，历史老师是最爱向我诉苦的。他一直认为历史这门学科既有风土人情，又有人物故事，本应该是一门非常有意思且受同学们欢迎的课程。但是现实的情况恰好相反，在大多数学生眼里，历史是一门沉闷死板的学科。很多学生对学习历史没有兴趣，成绩很难看。这令历史老师相当痛心。

之所以如此，是因为很多同学对于历史的学习存在一个错误认识。他们认为学习历史就是死记硬背，没有其他更有效的好方法。

学历史知识，不仅仅是对基础知识和概念的学习，还需要同学们能够把握历史的基本原理。从这个角度来说，同学们还需要对历史原理以及规律进行归纳概括，总结，这样才有利于提高学习效率和成绩。

若是同学们能够对于历史知识有充分的了解和归纳，就会发现历史课本其实就是一本长篇故事书，书里的每个历史阶段都有很多有意思的小故事。只要同学们利用这个方式来看待历史知识，就会发现原来历史并不枯燥乏味。

王云迪同学是历史课代表，从小就喜欢看历史故事，对于历史人物也是津津乐道。无论是古代史还是近代史，只要是历史上发生的重大事件，随便拿出一个问他，他都能对答如流。很多同学都羡慕王云迪的记忆力，认为他记忆力超群。

可只有他深知自己并非记忆力超群，只是在学习历史的过程中，运用了一些技巧和方法。在学习过程中，他会把脑子里那些历史故事搬出来，像看故事书一样按部就班地学习历史，再加上他对历史人物以及事件非常感兴趣，所以学起来效率就比别人高了。

其实概括起来，王云迪历史成绩好，主要归功于善于归纳、概括，总结，善于从不同的历史事件中寻找相同故事来融合和运用。

说白了，历史知识其实就是政治、经济、文化的记载和延续，也是人类重大历史活动的客观记载。而历史活动的主体不仅仅包括重要历史人物，还包括一些群体组织机构，内容则包括经济、政治事件、政策、路线、方针、制度、条约等，而文化则包括各种文献书籍、技术理论、工程建筑等。

如果想要拆分历史内容，可以从政治、经济、文化等方面来拆分，通过这样的方式，就相当于掌握了一个学习历史的"套路"。就好比学习数学、物理时掌握的公式一样，同学们可以利用这个公式来套各种事件。

这是一种学习方法，也是一种学习技巧。它是建立在长时间的学习积累、归纳和总结的基础上。当然，同学们也可以通过借鉴他人的即有经验，只要能够真正运用恰当，就可以达到事半功倍的目的，让自己学起来更轻松。

那么，历史知识点涵盖时间范围如此之广，包含的历史事件如此之多，同学们如何能够把它们都放进故事模式里进行记忆呢？下面我给出几点建议：

第一，要学会梳理历史时间的脉络结构。如果我们将一个历史事件分解成一个组织结构图，那么就可以将整个事件的来龙去脉分析清楚。对于任何一个历史事件，同学们都可以套用这个方法。

第一层级就是事件本身，第二层级就是并排而立的历史背景、历史条件、表层原因、深层原因、目的和动机，第三层级就继续接着第二个层级往下分解。按照这个"套路"，假设我们分析十月革命的历史条件，国内条件就有以下几个方面：经济方面包括资本主义发展到垄断，相对落后、生活贫困；政治方面包括沙皇专制、无产阶级壮大、革命政党成熟、力量对比变化等；思想方面包括列宁主义指导。国际条件则是帝国主义忙于"一战"等。只要按照这个思维模式，就能清楚地掌握整个事件。

第二，要学会抓住重点做对比。针对不同时期的经济、政治，或者文化都有不同的特征，区分方法也不相同。单就经济内容来看，主要包括生产力、生产关系、经济结构和布局。古代经济则主要是经济制度、经济政策、农业、手工业、商业、经济结构和布局；近现代经济则是经济发展要素、经济成分和国际经济。

从政治方面来看：古代政治主要是政局、制度、中央、地方、阶级、军事、财政、民族、对外；近现代政治则是政局、制度、政体、体制、政权、政治力量、权力。

文化方面就比较容易了，基本上是自然科学、社会科学和文化交流。

通过抓住重点做对比的方法，同学们就能区别记忆不同时期的不同侧重点，促进更准确记忆和把握。

第三，辩证分析法。无论对于历史人物还是历史事件，在分析的时候，同学们都需要先讲述人物或者事件本身，结合积极因素和消极因素进行一分为二的分析，然后得出全面的结论，千万不能以偏概全。

当然，对于任何一个历史事件或是历史阶段来说，从准备到开始，再到发展或者曲折，再到成功或者失败，都是一个线性结构，有一条类似故事大纲的线路发展图。对于一个历史人物来说，从筹划，到行动，再到发展，最后结果，也是有一条线路图的。

因此，同学们完全可以通分析记忆大纲和线路图的方法来掌握一个历史人物甚至是一个历史时期。把人物或者事件当成是故事的一部分，进行有机的结合，这样不仅增加了历史学习的趣味性，同时也降低了知识点的记忆难度，可谓是一举两得。

# 物理公式，万变不离其宗

　　学习物理，公式是关键的一环。可以说，公式对于同学们正确认识和掌握物理这门学科的规律，以及应用其中的规律都是十分重要的。

　　前边我们在讨论数学的学习方法时，专门强调过数学公式的掌握方法和要点。但是，物理公式，与数学公式不同。物理学科本身的特点决定了物理公式相互之间在很大程度上是"互通"的。

　　从基本原理来说，比如电生磁，磁生电，因此电学与磁场的物理公式可以通过代换单位相互推导出来。加速度方面的公式，则与力学公式有着千丝万缕的联系。因此，我们可以说，物理公式其实万变不离其宗。相比数学，在物理公式的掌握上，同学们可以更少的借助死记硬背，而是通过掌握公式相互之间的关联去记忆，如此才能够达到最佳的学习效果。

　　在学习过程中，同学们要先搞清楚每个物理量的含义。也就是说，要弄清物理公式中每个符号表示什么物理量，每个物理量表示什么物理意义，其内涵是什么，外延是什么，有哪些单位，在国际单位制中的单位是什么，这个物理量有没有方向性，在公式中有没有正负之分，等等。这是学习物理公式的前提和基础。

陈政同学的物理成绩在全年级都一直遥遥领先，每当有同学向他请教如何学习物理的时候，他总是简单明了的一句话：自己推公式。有的同学认为他太高傲了，自己有学习秘诀，却不愿意与别人分享。但也有一些同学，通过陈政的简单指点，取得了物理学习上的进步。

显然，后来这些同学真正听懂了陈政的那句话——自己推公式，并且真正地付诸行动了。通过运用自己推导公式这一方法，他们在物理学习方面开了窍，从而提高了成绩。

当然，要想真正做到自己推导物理公式，同学们除了要做到搞清楚每个物理量的含义外，还要掌握以下几点要素：

第一，先了解公式的性质。它包括公式的分类、因果性、矢量性、对称性四个方面。下面我们从具体的公式来分析一下：

1.物理公式的分类。

物理公式分为物理量的定义式、物理量的决定式和一般联系式。物理量的定义式，如重力定义式 $G=mg$；物理量的决定式，如电阻 $R= \rho$（$L/S$）；等等。弄清公式属于哪一种类型，对于理解公式中物理量的因果关系、适用条件等具有十分重要的意义。

定义式普遍适用，无须条件；决定式指出了物理量决定于什么因素，与这些因素是什么关系，公式中因果关系非常明确，对于理解该物理量的本质十分重要。

2.因果性。

比如，牛顿第二定律通常写成F=ma的形式，但应明确m、F是原因，a是结果，m、F是自变量，a是函数。这种关系是不能变化的。

3.对称性。

牛顿万有引力公式为$F=(G \times M_1 \times M_2)/R^2$，其中$M_1$、$M_2$位置互换后，表达式不变，这称为公式的对称性。万有引力定律中的这种对称性反映了$M_1$、$M_2$两个物体的平等地位，是万有引力定律的重要特点。具有这种对称性的还有库仑定律、透镜成像公式等。发现和认识这种对称性，对于同学们理解物理公式的含义具有很大的帮助作用。

第二，熟练掌握公式的成立条件和适用范围。每个公式都有各自的适用范围，若超出了这个范围，则不成立。弄清公式的成立条件、适用范围，对于能否正确利用公式来解决物理问题非常重要。

第三，搞清楚公式来源。每一个物理公式背后都有着丰富的故事和背景，这些物理公式的来源同学们也要搞清楚。物理公式的来源大致可以分为这样三类：一类是实验定律，是直接根据实验分析总结出来的规律，如欧姆定律、法拉第电磁感应定律；第二类是归纳总结定律，是在已有的实验规律基础上又总结得出来的结论，是已有规律的归纳提高。第三类是扩展推广性定律，是利用已知物理规律，从某个角度去推导而得出的规律，是已有规律的扩展。比如动量定理、动能定理都是牛顿第二定律的扩展。

弄清一个公式的来源及属于上述哪种情况，对于理解公式与其他公式的关系、该公式所处地位是十分重要的。若是第二、第三种情况，就要知道该公式是根据哪些规律得来的、如何得来，这对于理解公式的适用范围和适用条件很有帮助，也有利于同学们形成完善的物理网络知识结构。

第四，掌握物理公式的变式。我们前边说过，物理公式很多都是互相关联的，可以通过变式来互相推导。同学们熟练掌握这些推导过程，对于理解和记忆物理公式有很大的帮助。

第五，学会比较相似的物理公式。很多物理公式具有相似性，比如万有引力定律表达式与库仑定律表达式，串联电阻公式与并联电容公式，并联电阻公式与串联电容公式。一系列采用比值定义的物理量的定义式也是相似的。通过这些公式的比较，一方面可以方便公式的记忆，进行记忆迁移，另一方面也可以帮助同学们对公式进行理解，较快地进行认识上的迁移。同时，还可以研究发现这些公式相似的原因，帮助同学们进行知识上的创新。

总而言之，物理公式不光要记住，要想真正触类旁通，同学们还是要在理解的基础上自己进行推导。真正将物理知识融会贯通之后，你就会发现物理公式其实是万变不离其宗的。这个时候，学习起物理来也就容易很多了。

# 私人订制让学习更快乐

每个同学都希望自己在学习中成为佼佼者，所以时常有同学询问班级中那些成绩优秀者是怎样学习的。我只能说，每个人的成才之道各有不同，想要提高学习成绩，关键不在于你选用何种方式，而在于自己适合和喜欢哪种学习方式。

一位女同学原本英语成绩很不好，但是从初中二年级开始英语成绩竟然直线上升。为此，我特意和她进行了沟通，原来这位女生请教了教育专家，专门到书店买来一些生动有趣的英文故事书，每天晚上都会挑选一篇细细阅读。

渐渐地，这个女生产生了好好学习英语的想法，并且越来越喜欢读英文书籍。就这样，女生的英语成绩也越来越好了。

其实这位女同学所用的诀窍就是找到最适合自己的学习方法。这和运动员训练类似，很多成功运动员并没有完全按照教练要求的"正确姿势"来做动作，而是用最适合自己的姿势去锻炼，最后实现了自我发展和突破，取得了好成绩。学习也是一样的，如果同学们只知道循规蹈矩、按部就班地照着那些所谓的"最好的"学习法来学习，不考虑自身实际情况，结果往往不如人意，反而还会导致学习效率低下。

因此，要想拥有骄人的好成绩，就应当采取自己喜欢的方式去学习，针对自身实际情况"私人定制"适合自己的学习方式，这样不仅可以让自己怀着愉快的心情、浓厚的兴趣学习，而且还可以轻松地提升学习效率。

如果你的性格活泼好动，精力比较旺盛，情绪波动比较大，做事往往时冷时热，常常难以坚持长时间的学习，那么就应该合理安排独立学习的时间，以免易受周围环境影响。同时，最好每次的学习时间应控制在1小时内，然后休息5至10分钟。

如果你有合作意识，无论做什么事都喜欢和别人在一起，那么独自一人学习时效率往往不高。这个时候针对自身特点，不妨和几个学习伙伴一起互帮互学，或是开展学习竞赛。通过这种形式，很容易促进你的学习积极性，提高学习效率。

总之，同学们应该细心总结和分析，根据自身的不同情况找到适合自己的学习方式并运用它时，就像在享受"私人定制"服务一样，如此一来，学习就会变得非常轻松，效率也会提高。

需要注意的是，同学们应该主动寻找最有效的学习方式，克服困难，以便取得最大的成功。当原有的学习方式不适合新的学习内容时，同学们应该自我反省和改变寻找更好的学习方式，以便让学习更加高效。

## 定期保养，兴趣永远不过期

张磊是我曾经带过的一个学生，当时化学成绩非常好，常常在考试中拿到全学校的最高分。可是，谁又能想到，到了初中三年级上学期，他的化学成绩就急剧下降，竟然不及格了。

张磊感到很无奈，向我倾诉说："我并不笨，可是为什么唯独对化学'不开窍'了呢？坐到书桌前，只要一打开化学课本，我就会昏昏欲睡。"后来为了改变这种情况，张磊想到一个办法，参考着化学课本把书房布置成了一间实验室。

看着书房里各种稀奇古怪的实验装置，乐于动手、爱动脑筋的张磊顿时来了兴趣。一回到家，他就钻到实验室里，研究金属为什么会生锈？食物为什么会腐败？就这样半年下来，他的化学成绩取得了突飞猛进的进步。

如今张磊已经升入高三，对于化学的兴趣始终有增无减，还曾经参加过好几次国内的化学竞赛活动。而且他已经准备报考国内的一所顶级石油大学，想再化学的探索之路上挑战更高的目标。

在我看来，从不喜欢化学到热爱化学，与张磊主动培养自己的兴趣爱好是分不开的。可以说，最大限度地调动学习积极性，并且定期保养，是学习好一门学科的必备条件之一。

初中阶段课程增多，眼界变得开阔起来，同时同学们的心也更容易躁动不安。同学们要做个有心人，积极培养对每一学科的兴趣，并且最大限度地把兴趣保留并延续下去，避免"三分钟热度"式学习方式。

正上初中三年级的涛涛不仅可以熟练运用英语，而且还能看懂法语、德语、俄语等多种语言，是学校小有名气的"小博士"。很多人都以为要做到如此优秀需要付出很多心血，其实，涛涛只是始终把兴趣用在学习上而已。

上小学时，涛涛和其他男孩子一样，每次放学回家，涛涛就兴冲冲地打开电视，找武打片、警匪片……后来，在妈妈的强制禁止下，涛涛几乎没有机会再看电视，但是他并没有把时间用在学习上，成绩越来越差了。

后来妈妈做了妥协，而涛涛也开始积极发展自己的兴趣，并且长期坚持下来。为了查阅各种兵器资料，涛涛开始留意各种关于兵器的书，并渐渐在查阅资料的过程中学会了英语、法语、德语、俄语等，甚至对世界各国关于兵器的法律、制度也了如指掌。

在日常生活中，类似的例子还有很多。如果你喜欢去动物园看鸟，那么就应该多收集关于鸟的知识，日积月累中，视野就会不断扩展，促进生物成绩也跟着突飞猛进。如果你喜欢制作坦克模型，可以多阅读一些与战争有关的书籍，这样一来不仅对战争史、历史产生兴趣，还可以扩展视野。

值得注意的是，兴趣并非一时兴起，而是应该多坚持、多做定期保养。

只有保持热情，并且更加用心用力，才能真正做到充实、丰富相关的知识。

　　即便对某个小事有兴趣，同学们都应该及时抓住兴趣点，利用这种狂热心理创造条件，让这种兴趣爱好为自己的学习服务。同时，同学们要根据自身的兴趣特点，有计划有条理地定期"保养"兴趣和热情。要明白，学习不是为了受罪，而是对思想和能力的一种培养和锻炼，是一个充满乐趣的过程。只有真切体会到了这一点，才能产生和确立热切希望学习的情感状态。

# 成为忙而不乱的时间管理者

如今每个同学的学习负担都非常重，作业越来越多了，学习压力也不越来越大。虽然很多同学已经充分认识到学习的重要性，能够很快地适应学习上的压力，但是也有不少同学陷入了忙乱的状态。

有的同学每天都很忙碌，作业完成不少，可效率并不高，成绩也不算好。有的同学总感觉时间不够用，很难按时完成学习任务和家庭作业。时间久了，同学们对于学习的兴趣和积极性就渐渐消磨掉了。

之所以造成这样的状况，是因为这些同学没能管理好时间。我发现大部分同学的学习态度是很认真的，但是似乎缺乏一点规划。比如每天回家如何安排时间，以及每一门学科按照什么样的步骤去学习，都没有一个明确的思路。

所以，我希望同学们在学习中学会制定时间表，因为这不仅能够改善你的时间不够用、效率低的状况，对你之后的学习和生活都具有重大意义。从学习做起，从小事做起，制定好自己的时间表，更好地管理自己的时间，学习和生活便会高效、有序。

同学们不妨先从书桌太乱的问题入手。很多同学可能会辩解说，现在的课程实在太多，任务实在太重，根本没有心思去整理书桌。但是我要说的是，乱糟糟的书桌其实代表着你思维的混乱。整理书桌的目的就是整理你的思路，思路清晰了，学习效率也会提升，会有事半功倍的效果。

以晚上做作业为例，你可以先把桌子收拾干净，按照上课的顺序把书本排放好，然后再依次完成作业。完成作业时，你可以根据每一门学科的任务量安排时间，这样一来，你的大脑也会像你的书桌一样井井有条。思路变得更加清晰了，学习效率就会大幅度提升。

接下来就是制定时间表，安排时间管理计划。那么如何制定学习时间计划表呢?

第一，根据最基本的生活作息习惯为自己制定一张作息时间表，坚持让自己养成有规律的作息习惯。只有把作息时间固定下来，并且形成良好的习惯，同学们才能对时间有一个明确的认识，才能养成良好的时间观念，并且合理安排好自己的学习时间。这可以保证自己有足够的精力去学习，有效提高学习效率，还可以使自己养成良好的生活习惯。

一位同学制定了日常学习生活时间表，而且使用了生动的画图方式。在她制定的时间表中，早晨6∶30的格子中画的是闹铃，表示要起床了;下午18∶00的格子中画的是电视，表示可以休息看一会儿电视了;18∶30画的是餐具，表示这是吃饭的时间;19∶00用书本表示做作业的时间;21∶30的格子画的是牙刷及床，表示该洗漱睡觉了。

我觉得这样的时间表非常好，直观且易于执行。

第二，细化学习时间，对学习时间进行进一步规划，从而让时间计划表更加全面细致。

同学们可以根据自己的实际情况，对于学习时间进行细分，比如7：30开始写作业，30分钟完成语文作业，30分钟完成数学作业。

同学们要明白，制定时间表不仅是为了让你的学习井井有条，同时也着重培养你们的时间观念，学会合理安排时间，形成良好的学习习惯。因此，时间计划表的制定要切合实际，不要为了制定而制定。

第三，切实落实时间计划表，并且长期坚持下去。当然，制定时间表的目标要求要明确，落实计划也是格外重要的。我希望每一位同学都能严格要求自己，自觉参与日常时间表的制定和执行，通过长期的坚持形成良好的习惯，从而更好地管理自己的时间。

第四，制定时间表并不局限于学习，也适用于日常生活。对于步入初中阶段的你来说，时间已经不是一个模糊抽象的概念了，你需要从繁重的学习任务中体会到时间的紧迫性和重要性，在学习和生活上养成良好习惯，避免自己陷入懒散和无序的状态。

# 先给自己定个小目标

有一位名叫山田本一的日本著名马拉松运动员，曾两次在国际马拉松大赛中夺得世界冠军。记者问他凭什么取得如此惊人的成绩，山田本一总是回答："我不仅凭借自己的体能，更重要的是凭借我的智慧！"

有点体育常识的人都知道，马拉松比赛主要是运动员体力和耐力的较量，爆发力、速度和技巧都在其次。因此对山田本一的回答，不少人觉得他是在故弄玄虚。又过了10年，这个谜底被揭开了。

已经退役的山田本一在自传中这样写道："每次马拉松比赛之前，我都要乘车把比赛的路线仔细地查看一遍，在这个过程中我会把沿途比较醒目的标志画下来：比如第一个标志是某个酒店，第二个标志是一个十字路口，第三个标志是一座公园……这样一直统计到赛程的结束。随后我会把整个赛程列成一张计划，每一个标志就是我计划的分解目标，把它们牢牢记在心里。

正式比赛开始后，我就以百米的速度奋力地向第一个目标冲去，到达第一个目标后，又以同样的速度向第二个目标冲去。就这样，四十余公里的赛程，被我在事先的计划中分解成几个小目标，这样跑起来就轻松多了。最初，我只是简单地把我的目标定为夺取名次，结果当我跑到十几公里的时候就已经疲惫不堪了，因为我没办法掌握整个比赛过程的节奏，脑子里一团乱，很容易就丧失信心了。"

之所以给同学们讲这个小故事，是因为在我的心中始终认为：学习是持久战，是一场一步一步跑出来的马拉松比赛，是从一砖一石开始累积起来的高楼大厦。长跑要平均分配体力，盖楼要先有蓝图。同理，学习也离不开合理的计划和分步的目标，这就是好成绩的开始。

初中阶段的学习，学习任务和难度都有所提升，如果没有养成制订学习计划的好习惯，那么学习将是盲目的、不科学的，最终只会步入一个没有条理、没有目标的恶性循环之中，学习效率也就难于提高了。因此我始终认为，没有计划和目标的学习等于白学。

我们不妨试想一下：从小学升入初中后，面对众多的学习科目，如果毫无规划地翻翻这个看看那个，东一榔头西一棒槌，像没头苍蝇一样，那必然是学不好的。我见过不少这样的学生，上课时翻开书一看，两眼一抹黑，看到什么都觉得陌生，立即心里就对自己没底了。接下来，学习也会陷入被动，时间一长，学得多，忘得也多，学习成绩一直无法提高，甚至会越来越差。

所以，每个同学都必须养成制订学习计划的好习惯。制订一个切实可行的学习计划，对课堂学习做到心中有数，不仅可以减少时间、精力上的浪费，而且还可以起到磨炼学习意志、提高学习效率的作用，从而促进学习目标的实现。结合初中阶段知识以及学生学习特点，我认为制订好的学习计划

要具备以下几个要点:

第一,制订计划必须结合自己的特点,不能仿制别人的计划。别人告诉你的方法最多只能充当一个指路标的作用,是很难完全套用的。即便你套用了,也很难有好效果。

第二,设立的每一个目标都必须是具体的、可执行的,这样才能让自己集中注意力,全神贯注地追求目标。

在制订具体的计划时,可以把整个学期的学习任务分成远期、中期、近期三种,然后逐一完成。在这个过程中,要以终极目标为引导,做一个详细的计划,让每一个小计划的成功来堆砌大计划的成功。如同文章开始的山田本一,把大目标分解为小目标,然后一个个实现,由近而远,由小而大,必能达成目标。

第三,也是最重要的一点:制定的每一项学习目标都要严格落实,这也是同学们最难做到的一点。任何学习计划刚执行起来都难免会遇到一些困难,如果制定了学习目标,却没有坚持实行,计划就会落空,也就失去了它本来的意义。

同学们必须要明白:学习是一个周期比较长的过程,今天的努力并不能在明天就得到回报,它是量的积累引起质的飞跃。在实现目标时,一时看不到进步不要心焦,更不要气馁、轻言放弃,因为只要你坚持,就一定能产生奇迹!

同时,千万不要小看学习中小目标,它会给你的学习带来非常大的帮助,因为任何没有计划漫无目的地学习都可以说是浪费时间。甚至从长远来看,在你未来的人生道路上,学会制订计划并且努力去实现每一个小的目标,才能获得最终的成功。

# 学习不是生活的全部

　　多年的教学经历，我有一个最大的感触，就是如今初中阶段的同学们太辛苦了。面对考试和升学压力，同学们像一个个上足了劲的发条似的，几乎把能投入的精力都投入学习中。很多同学在学校学习，回家也学习，还经常熬夜，每天除了看书就是做题。

　　这些同学把学习当作全部，甚至忘了休息和娱乐，实际上，这种方式对于学习和生活都是非常不利的。这些同学只会学，不会玩。然而，学习需要劳逸结合，玩的时候开心地玩，学的时候认真地学，这样才能让头脑更加清醒敏捷，学习效率才能更高。

　　我曾经教过一个学生叫魏然，几乎所有的老师都不太喜欢他，因为他几乎每天上课都哈欠连天，还时常听着听着就睡着了。有一次，魏然上课睡觉被英语老师发现了，被叫到办公室问话。

　　后来询问才知道，原来魏然为了学习成绩有所提升，每天晚上都学习到很晚，白天几乎没有休息和娱乐的时间，这才导致上课总是打瞌睡。

　　了解到这一情况，我找魏然谈了一次话，告诉他这种做法是不对的。虽然每个同学都希望成绩能够提升，但是这种强迫性的学习，不仅让自己很辛苦，还会影响学习效果。经过沟通之后，魏然终于意识到自己的问题，开始正常安排作息，劳逸结合。之后，魏然的成绩也有了起色，学习状态也比以前好很多。

　　学习成绩和用在学习上的时间，可不是成正比的。我们要知道，学习效率的提高最需要清醒而敏捷的头脑，而为了有一个清醒而敏捷的头脑，适当的休息、娱乐是必不可少的。像魏然一样不分昼夜地苦读，那么同学们的大脑就会处于疲劳状态，就会出现注意力不集中、记忆力以及思考能力下降、大脑反应迟钝等现象。而一旦超出身体自我调节范围，同学们还会出现肩颈酸痛等症状。

　　看看我们身边，那些学习好的同学没有一个是靠疲劳战术取胜的。他们该学习的时候努力学习，该休息和娱乐的时候尽情地休息和娱乐。正因为如此，他们所有的脑细胞都被调动起来，心情也很愉悦，反应速度就会更加灵敏。

　　由此可以说，对于任何人来说，如果学习一段时间，运动一段时间，有张有弛，这样就能让自己保持一个健康、积极向上的精神状态，心情好了，学习起来也会更有动力，效率也会高出很多。

　　所以，我建议同学们要在合适的时间做合适的事情。休息、娱乐、体育运动、做家务等，都是一种调剂方式，从合理安排时间的角度来说，这都不能够算作浪费时间。

同时，同学们还应该学会自我减压，因为长时间的学习会导致压力增大，让自己变得紧张焦虑。一方面，同学们可以找父母倾诉，让父母能够鼓励自己，另一方面，可以主动找老师帮助，跟老师一起想办法。千万不能给自己太大的压力，以免适得其反。

学习疲劳了，同学们可以出去锻炼一会儿，散步、打球、听音乐、看电视，或是找人聊天，甚至是闭上双眼冥想放空自己。只要让自己离开学习，适当地放松，就能更好地调节我们的大脑，从而以更饱满的精神状态去投入学习。

要记住，学习并不是生活的全部，它只是我们生活的一部分。

# 制定完美的 "考场策略"

　　看到这个题目，可能有些同学会笑：考试也需要策略？难道考试成绩不是取决于知识的掌握程度吗？还跟考场上的策略有关？考试时认真即可，需要什么策略呀？

　　正因为有这样的想法，很多同学会如此做：考试铃声一响，就像听到发令枪的田径选手一样，拿起笔就开始埋头答题。但是以我多年的教学经验，我可以负责任地告诉同学们：这种做法是错误的。

　　从出题人的角度来说，一般第一小题都是给同学们 "热身"，会被归于 "送分题" 之列。但批改试卷时，我发现第一小题的错误率是相对比较高的。这是为什么呢？大部分原因是匆忙答题，审题有误。

　　正确的考场策略应该是先审题，做到冷静认真，而不是开场抢着答题。那些开场就埋头答题的同学，表面上节省了时间，实际上却会因为紧张而疏于审题。

再说另一个问题，考试开始的审题阶段，同学们会有一定概率发现自己曾经在平时做过或者重点关注过的题型。对于这些"目测熟悉"的题目，很多同学第一感觉是沾沾自喜，觉得遇到了真正的送分题。而实际上，这些熟悉的题目有不易觉察的条件变化，可能是出题老师特意为你挖的坑里。所以，答题时，同学们要做到认真审题，不能因为看到熟悉的题目就掉以轻心。

另外，很多成绩比较好、脑子比较聪明的同学，往往看到自己认为正确的选项之后，就直接选择，不再继续看下去。甚至有时候，一些同学认为A选项正确后就立马勾选，后边的B、C、D选项直接忽视。在我看来，这可是一种愚蠢的考试策略。

目前，考试的选择题大部分考查概念辨析，出题老师往往喜欢在细微之处设置疑问，尤其是数理化学科的选择题，分值太高，且判断起来不那么容易，轻易下决定且不看后边的选项，无疑就是麻痹大意的做法。一旦同学们被自己的"思维惯性"蒙蔽了，就可能做出了错误的选择。

接下来，再说一个"老生常谈"的问题。那就是：不会的题目一定要暂时跳过。"不会"的标准是什么？同学们要具体问题具体对待，在考场上，心平气和地读两遍题目，依然没有明确的思路，就可以暂时归于"不会"的类型了，要果断跳过。这样可以最大限度地节约时间，提高答题效率。

对于这些题目，同学们完全可以等到最后再统一去做，没准儿到了最后，由于大脑已经完全进入考试状态，会瞬间豁然开朗，想到解题思路。

在对待那些需要论述的大题时，同学们需要注意的是，回答一定要言简意赅，写得准而精，如此才能提高得高分的可能性。通常来说，一定是在审过第二遍题目之后才可以下手写，务必读全题目里的所有问题再去做题。

因为，老师审阅卷子时，任务大、时间紧，没有谁乐意看你的"长篇大论"。同时，老师通常会采取采点给分的原则，所以在回答问题时，同学们一定要把答案要点列出，并且进行明确的标号。这样才能让阅卷老师一目了然，不会因为答案逻辑混乱而丢分。

最后，我还要强调的一点：考场心理素质很重要。有些同学属于易受影响型的人，情绪很容易受到周围环境的影响。

比如无意间看见旁边的同学似乎答题速度比自己快很多，就开始惴惴不安；发现监考老师路过时多看自己的卷子一眼，瞬间怀疑自己有那道题做错了。这样的心态实在是不必要的，别人翻卷子比你快，有可能是他前面不会做的题目太多，着急到后面找简单的题目；监考老师路过时看你的卷子，可能是刚好他是这一科的任课老师，特别关注考题的难易程度。所以，同学们要保持平常心，千万不要过于紧张，因为外界因素影响答题的状态。

另外，考场上的很多细节也是相当重要的，比如时间规划，难题取舍，检查次数等等。

总而言之，我希望同学们在平时复习好功课的前提下，抓好考场上的每一分钟，不要因为错误的"考场策略"而影响考试成绩。只有把握好策略，才能真正发挥出自己的水平，拿到每一分应该得到的分数。